ZWILLINGE
das Magazin

Das Mitmach-Magazin für Zwillings- & Drillingseltern

Band 35
November/Dezember 2018

© Marion von Gratkowski
Postfach 40 11 11
D-86890 Landsberg
Tel. 0049-(0)8344-809 95 39
info@twins.de
www.twins.de
Redaktion: Marion von Gratkowski
Titelfoto: Familie Busch
Fotos & Texte: Privat
Herstellung & Verlag: BoD - Books on
Demand, Norderstedt
1. Auflage November 2018
ISBN 978-3-7481-8206-1

ZWILLINGE - DAS MAGAZIN Ausgabe Nov./Dez. 2018 Nr. 35: 7,99 €, auch als E-Book für 5,99 €.
ISBN 978-3-7481-8206-1

Bestellbar auf www. twins. de oder im Buch- handel - online & Laden.

Liebe Leserin, lieber Leser,
liebe Zwillingseltern, liebe Drillingseltern,

zuerst einmal eine dicke Entschuldigung von mir, obwohl ich gar nichts dafür kann. Das letzte Heft ZWILLINGE September/Oktober kam mit einiger Verspätung, weil die Firma, wo wir das Heft drucken und herstellen lassen, nicht wie sonst innerhalb zehn Tagen, sondern nach sage und schreibe fast vier Wochen geliefert hat. Da steckt man nicht drin und kann auch nichts machen ... nicht einmal eine vernünftige Antwort habe ich auf meine Nachfrage bekommen. Hoffen wir, dass es diesmal besser klappt. (Sieht aber leider nicht danach aus ...)

Constantin (von links), Nicolai, Maximilian und Marion von Gratkowski

Oma strickt, wenn sie nicht schreibt und Hefte macht

Die meisten wissen ja, dass ich inzwischen Oma geworden bin. Unsere kleine Josephine mischt seit Mitte August nicht nur ihren Vater Maximilian (und dessen Frau Stephanie) auf, sondern die gesamte Familie, weil wir uns ständig Fotos und Videos hin- und herschicken und natürlich kommentieren: „Wie süß!"
Ich bin froh, dass unser Zwilling Max erst einmal Vater von „nur" einer Tochter geworden ist und einer braven noch dazu. Die kleine Josephine ist sehr brav, wächst und gedeiht wunderbar, ja geradezu turbomäßig, so dass ich trotz bester Absichten mit dem Stricken kaum hinterherkomme ...

Meine zweite Leidenschaft (außer dem Schreiben und Büchermachen) ist nämlich das Stricken. Und so ist klar, dass das „Finchen" jede Menge Pullover, Mützen und Söckchen bekommt. Und: neuerdings häkele ich Fingerpuppen nach der japanischen Technik „Amigurumi" ...

Schöne Weihnachten & einen guten Rutsch

Natürlich stricke ich vor allem abends. Dem Schreiben gehört der restliche Tag. Diesmal sind folgende Themen herausgekommen: auf Seite 8 die Schwangerschaftsgeschichte unserer kleinen Titelmädchen von ZWILLINGE Nr. 34, gute Tipps für schnelle Fläschchen auf Seite 16, auf Seite 22 und 24 stellen wir neue Produkte vor (Hochstuhl/Zwillingswagen) und natürlich gibt's auch eine Anleitung für einen selbstgebastelten Adventskalender (Seite 30).

Viel Spaß beim Lesen - Ihre/Eure Marion von Gratkowski

Zu folgenden Bereichen/Themen suchen wir noch Beiträge:

- Schwangerschaft & Geburt
- Kaiserschnitt
- Stillen
- Fläschchen füttern
- Schlaflose Nächte
- Umstellung auf feste Kost (Brei)
- Winterspaß mit Zwillingen
- Erziehungsthemen aller Art

- Streit, Konkurrenz, enge Verbindung von Zwillingen
- Kindergartenstart
- Schule - Trennung oder nicht?
- Urlaubsideen für das kommende Frühjahr und den Sommer
- Rezepte für das Backen & Kochen mit Zwillingen

Wie Sie Ihre Beiträge schicken können, steht auf Seite 11.

Was finde ich jetzt wo, wenn es hier nicht mehr steht?

- Termine & Veranstaltungen finden Sie ab sofort auf unserer Internetseite www.twins.de
- Eine Übersicht über unser komplettes Buchprogramm finden Sie ebenfalls auf unserer Homepage unter www.twins.de
- Auch all die Hefte der bisherigen Zeitschrift, die man sich noch bestellen kann, sind unter www.twins.de zu finden.
- Neuerungen werden auch auf Facebook auf unserer Seite „zeitschrift zwillinge" oder im Blog www.zwillingemachenkriegenhaben.de bekannt gegeben.

Es lohnt sich also immer, auch einmal einen Blick auf unsere Homepage zu werfen oder einfach den newsletter auf www.twins.de zu abonnieren, da wir Sie dann immer einmal wieder mit unseren Neuerungen bekannt machen.

BEZUGSBEDINGUNGEN

- ZWILLINGE - DAS MAGAZIN löst unsere bisherige Zeitschrift ZWILLINGE ab.
- Erscheinungsweise: zweimonatlich.
- Erscheinungstermine sind: 28. Januar 2019, 25. März 2019, 27. Mai 2019 und 29. Juli 2019 (unter Vorbehalt) usw.
- Das Magazin kann einzeln oder im Abonnement bezogen werden.
- Einzelhefte kosten 7,99 Euro plus Porto 1,- Euro.
- **NEU:** Abonnements kosten 55,- € befristet auf 1 Jahr; 53,- € fortlaufend bis zur Kündigung eines Tages. Preise höher wegen Portoerhöhung.
- Abonnements gelten fortlaufend und mindestens 1 Jahr = 6 Hefte.
- Die Kündigung muss schriftlich erfolgen per E-mail an info@twins. de oder per Brief (KEIN Einschreiben!!!) an unsere Adresse:

- ZWILLINGE, Postfach 40 11 11, D-86890 Landsberg am Lech.
- Unser Fax: 0049-(0)8344-809 95 40.
- Einzelhefte und Abonnements müssen vorausbezahlt werden.
- Unsere Bankverbindung: Hypovereinsbank Landsberg, Lutz von Gratkowski, IBAN: DE77 7202 0070 6110 3155 60, SWIFT-BIC: HYVEDEMM408
- Zahlung per Paypal geht in Verbindung mit unserer E-mail-Adresse. info@twins.de ABER: **Bitte Gebühren zu Ihren Lasten!**
- Alle Rechte für den Inhalt liegen bei Marion von Gratkowski, Verlag von Gratkowski, Postfach 40 11 11, D-86890 Landsberg.
- Unsere Internetpräsenz: www.twins. de, E-mail: info@twins.de
- Etwas unklar? Rufen Sie mich bitte an: Tel. 08344-809 95 39.

Briefe an die Redaktion

Eigentlich wollten wir die Rubrik „Leserbriefe" weglassen. Aber es wäre doch schade, wenn unsere Leserinnen und Leser keinen Beitrag mehr kommentieren dürften. Also - einigen wir uns darauf, nur zwei Seiten (statt bisher vier) zu veröffentlichen. Diesmal ist es sogar nur eine Seite ...

An Tagen wie diesen ... vom Chaos einer Zwillingsfamilie ausgerechnet am „Jubiläumstag" des Paares - da kann auch Gaby T. ein Lied singen ... (ZWILLINGE - DAS MAGAZIN Nr. 34).
Da war doch was ... stimmt. Bei uns ging es ähnlich turbulent zu, als ich meinen 35. Geburtstag feiern wollte und zu Hause alles drunter und drüber ging. Ich habe mich sehr von dem Beitrag angesprochen gefühlt und muss wohl mal selbst etwas für das Magazin ZWILLINGE schreiben.

Das sagt die Redaktion dazu: Gerne können Sie etwas beisteuern! ZWILLINGE soll ja nicht nur von mir gemacht werden ... als Belohnung gibt's sogar ein Buch gratis, das man sich aus einer Liste, die unter www.twins.de veröffentlicht wird, aussuchen kann. Übrigens: Wir veröffentlichen die meisten Texte anonym.

„Schön, dass uns mal eine Einlingsmama würdigt ..." schreibt Bettina M. Sie hat den Beitrag von Inga-Lisa gelesen, die selbst ein Zwilling ist und jetzt Mutter.
Normalerweise kreisen ja Mütter von einzeln geborenen Kindern immer um sich selbst und können gar nicht nachvollziehen, dass Zwillingsmütter noch mehr Stress haben ... können. Etwas Anerkennung tut gut. Jetzt sieht die junge Muter einmal, was ihre eigene Mutter all die Jahre auf die Beine gestellt hat.
Braucht Ihr noch Beiträge über den Kindergartenstart?

Das sagt die Redaktion dazu: Kindergartenstart und Beiträge über die Einschulung interessieren uns immer sehr. Denn dies sind die ersten Möglichkeiten für Zwillinge, auch einmal eigene Wege zu gehen (oder eben nicht).

Auch Drillingseltern denken darüber nach, ob es sinnvoll ist, ihre Kinder erstmals im Kindergarten zu trennen. Marianne W. schreibt uns zu unserem Artikel über das Thema (in ZWILLINGE - DAS MAGAZIN Nr. 34).
Schön, dass es ab und zu auch einmal einen Beitrag für und über Drillinge gibt. Die Meinungen der anderen Drillingsmütter fand ich interessant. Auch wir haben uns natürlich Gedanken gemacht. Und sind - ähnlich wie alle anderen - zu dem Schluss gekommen, dass unsere Kinder den Zeitpunkt ihrer Trennung selbst bestimmen sollten. Deshalb besuchen sie seit Herbst eine gemeinsame Kindergartengruppe.

Auch ein Thema im letzten ABC Report - zu bestellen beim ABC-Club.

www.abc-club.de

Über das Titelfoto

Auf dem Bild (mein Lieblingsbild von dem Shooting) sieht man oben Theo und unten Oskar. Sie wurden im September 2015 geboren und das Bild ist im Dezember 2017 entstanden.

Ich mag das Bild so gerne, weil es die Charaktere der beiden so schön zeigt. Theo ist der ruhigere von beiden. Er sucht sich genau aus, wem er sich öffnet und braucht auch wesentlich länger, bis er zum Beispiel herzhaft lacht.

Oskar hingegen hört man immer. Er kann wahnsinnig laut und herzhaft lachen, genauso schnell schreit er aber auch, als gäbe es kein Morgen. Oskar ist auch

heute noch der dominantere von beiden.

Die Fotoserie wurde im Fotostadl Sabrina Redlich gemacht.
Hier die Adresse: Fotostadl Sabrina Redlich Döhlau 9, 95466 Kirchenpingarten, Telefon 0921-7930882.

Wenn das links nicht Oskar ist? Dem lacht der Schalk schon aus den Augen. Rechts ist Theo, der ruhigere der Zwillinge.

Noch mehr Zwerge: Kinder- und Familienmesse vom 16. bis 18. November in Bremen

Vom 16. bis 18. November hat die Kinder- und Familienmesse STADTZWERG nun zum 2. Mal in Bremen stattgefunden. Bei der Premiere 2017 konnten die Veranstalter mehr als 19.000 Besucher zählen. Eltern, Kinder und interessierte Familien hatten auch in diesem Jahr viel Spaß und konnten Neuigkeiten testen, Produkte rund um das Thema Baby, Kind und Familie kaufen und sich ausführlich beraten lassen.

Dieses Jahr hatten wir zusätzlich eine kleine Lese-Ecke eingerichtet und konnten auch das Magazin ZWILLINGE unseren Besuchern kostenfrei zur Verfügung stellen. Im Gegenzug hat ZWILLINGE einige Eintrittskarten verlost.

STADTZWERG
Die Messe für dich und dein Kind

Gute Schwangerschaft & schöne Geburt

Was sind eigentlich „monochoriale-diamniote Zwillinge"? Jedenfalls sehr ähnliche Zwillinge. Nach einer weitgehend problemlosen Schwangerschaft wurden Rana und Sena geboren. Nach nur fünf Tagen im Krankenhaus konnten die eineiigen Zwillinge dann mit ihren Eltern nach Hause.

Als wir die Schwangerschafts-Diagnose „monochoriale-diamniote Zwillinge" (in der 12. Woche) erfahren hatten, konnten wir uns nicht wirklich etwas unter dieser Bezeichnung vorstellen. Es war für uns eine große Überraschung, gleich im Doppelpack mit eineiigen Zwillingen schwanger zur sein.

Anstrengende Schwangerschaft.

Meine Schwangerschaft war gleich zu Beginn sehr anstrengend, da ich von Anfang an mit Übelkeit und Schlaflosigkeit sowie Appetitlosigkeit zu kämpfen hatte. Während der Schwangerschaft kam noch eine weitere Beschwerde bezüglich der Durchblutung der Plazenta hinzu. Das Problem haben wir allerdings mit Medikamenten ganz gut in Griff bekommen. Alle zwei Wochen waren wir entweder bei meinem Frauenarzt oder bei einer speziellen Ultraschalluntersuchung in Pränatalzentrum Altona Hamburg. Bei jeder Untersuchung hofften wir, dass es keine Anzeichen auf ein FFTS - Fetofetales

Transfusion-Syndrom geben würde. Es war eine sehr aufregende Schwangerschaft. Doch glücklicherweise haben sich beide Mädchen immer gesund und gut entwickelt.

Zu Beginn der 31. Schwangerschaftswoche kämpfte ich mit vorzeitigen Wehen und musste im Krankenhaus stationär untergebracht und überwacht werden. In der Zeit habe ich vorsorglich die Lungenreifespritze bekommen. Auch hat man mich in der Klinik über eine Frühgeburt schon aufgeklärt.

Schnell wieder raus aus dem Krankenhaus

Aber bereits nach einer Woche konnte ich das Krankenhaus wieder verlassen. Unsere Mädchen entwickelten sich weiterhin ganz gut. Beide hatten die optimale Geburtsposition, da beide in Schädellage lagen. Zwischenzeitlich sollte ich mir allmählich Gedanken über die Geburt machen. Der Chefarzt und mein Frauenarzt sagten, dass nichts gegen eine vaginale Geburt

Sena und Rana haben es fast bis zur 38. Schwangerschaftswoche ausgehalten. Sie machten sich von ganz allein auf den Weg.

Die jungen Damen sehen sich so sehr ähnlich, dass es schwer fällt, sie zu unterscheiden.

Titelmädchen im September/Oktober 2018

Wir haben Rana und Sena kennen gelernt, als wir einen Suchaufruf wegen eines Titelbilds für unsere Juli/August-Ausgabe auf Facebook starteten. Die beiden kleinen Hamburgerinnen gefielen uns so gut, dass wir uns für sie entschieden haben - allerdings erst für die Herbstausgabe.

sprechen würde. Ich wollte beide spontan entbinden, allerdings mit Option auf einen Kaiserschnitt, wenn etwas nicht klappen sollte. In der 38. Schwangerschaftswoche sollte ich dann spätestens zum Einleiten ins Krankenhaus kommen.

Und dann ging es von ganz alleine los ...

Unsere Zwillinge haben sich dann doch in der 37+5 SSW von selber auf den Weg gemacht. Nach meinem Blasensprung zu Hause erfolgte auch die Einlieferung mit dem Krankenwagen ins Krankenhaus. Im Kreißsaal angekommen, war schon alles für mich vorbereitet. Die Krankenschwester machte nochmal schnell Ultraschall zur Lagekontrolle und gleichzeitig kontrollierte meine tolle Hebamme meinen Muttermund. Der war bereits bei sieben Zentimeter eröffnet und ich hatte alle fünf Minuten starke Presswehen. Da die

Schmerzen unerträglich waren, machte der Arzt die PDA-Spritze und ich konnte mich endlich auf die Geburt konzentrieren. Alles ist gut verlaufen. Kind 1, Rana, war dann um 23:23 Uhr da mit 48 Zentimeter Länge, 2.430 Gramm Gewicht und einem Kopfumfang von 30 Zentimetern und Kind 2, Sena, war um 23:27 Uhr mit 49 Zentimeter Länge, 2.370 Gramm und einem Kopfumfang von 31 Zentimetern da.
Nach ein paar Nachsorgeuntersuchungen im Krankenhaus durften wir bereits am 5. Tag nach der Geburt unsere Zwillinge mit nach Hause nehmen.

Geburt: eine schöne Erinnerung

Es war eine wunderschöne Geburt und ich würde es jederzeit wieder so machen.

Liebe Grüße Gülsen K.

Was sind monochorial-diamniote Zwillinge?

Es gibt verschiedene Formen eineiiger Zwillinge, sozusagen „eineiigere" und weniger eineiige ...☺

Bei der Befruchtung sind viele verschiedene Zellen beteiligt, die unterschiedliche Aufgaben haben. Manche bilden die Plazenta, manche die Embroys. Es wird eine innere und eine äußere Eihaut in der Gebärmutter gebildet, die nicht teilbar ist.
Bei eineiigen Zwillingen ist es entscheidend, ob sich die Eizelle teilt, bevor oder nachdem die äußere Eihaut gebildet ist.
Wenn sich die Eizelle zwischen dem 3. und dem 7. Tag nach der Befruchtung teilt, spricht man von monochorial-diamnioten Zwillingen. Der embryonale Teil der Eizelle teilt sich komplett, nicht jedoch der Teil der die Plazenta bildet. Es entstehen zwei Fruchtblasen, die Zwillinge teilen sich jedoch eine Plazenta. Bei mono-di Zwillingen bedarf es immer einer umfassenden Überwachung durch den Frauenarzt, damit sichergestellt werden kann, dass jedes der Babys gleich gut versorgt wird. Es besteht die Gefahr des fetofetalen Transfusionssyndroms.

(Nach einer Erklärung auf der Bestellplattform www.twinsworld.de)

ZWILLINGE *das Magazin* - Die Mitmach-Zeitschrift für Zwillings- & Drillingseltern

So können Sie sich mit Beiträgen an ZWILLINGE *das Magazin* beteiligen: In fast 30 Jahren haben wir immer wieder festgestellt, dass die wahren Experten für Zwillings- und Drillingsthemen die Eltern sind. Viele Eltern haben darüber hinaus eine Qualifikation, die sie dazu prädestiniert, ihre Alltagserfahrungen mit anderen zu teilen. Sie sind selbst Erzieher, Lehrer oder Ärzte ... Erzieherinnen, Lehrerinnen oder Ärztinnen. Aber auch, wenn Sie ganz einfach „nur" Zwillings- und Drillingseltern sind - Ihre Erfahrungen, die Sie machen, sind von so unschätzbarem Wert für andere, für neue und werdende Eltern, dass sie unbedingt zu Papier gebracht werden sollten. Deshalb scheuen Sie sich nicht, uns zu schreiben und einen Beitrag zu irgendeiner Situation aus Ihren Leben mit mehreren gleichaltrigen Kindern zu schicken. Ihre Erfahrungen und vor allem Ihre Tipps und guten Ideen sind gefragt.

Und so geht's: Sie schreiben - wie Ihnen der „Schnabel gewachsen" ist. Dies hier ist kein Aufsatzwettbewerb. Unsere Redaktion bearbeitet Ihren Beitrag, macht die Überschrift dazu, das Layout und formuliert die Bildunterschriften und die Zwischenüberschriften.

Ihr Beitrag sollte im Format .doc oder .docx, in „word" oder einem anderen, gängigen Schreibprogramm bei uns ankommen. Gern aber auch einfach direkt in der E-mail formuliert. Sie können Ihre Beiträge per E-mail senden an info@twins.de.

Wir nehmen aber nachwievor auch handschriftliche Beiträge, die ganz einfach per Post kommen. Unsere Adresse: ZWILLINGE, Postfach 40 11 11, D-86890 Landsberg. Schicken Sie uns auch Ihre Fotos mit. Am besten sind ganz normale Familienfotos, wie man sie mit jeder Digicam oder einem Handy machen kann. Um die entsprechend hohe Auflösung und die Druckfähigkeit kümmert sich unsere Redaktion. Und wenn Sie uns einen großen Gefallen tun wollen: benennen Sie Ihre Fotos mit denjenigen, die darauf zu sehen sind - also zum Beispiel MaxConnySpielplatz.jpg.

Wir belohnen es, wenn Sie uns einen Beitrag schicken:
Suchen Sie sich ein Buch aus

Und was bekommen Sie für Ihren Beitrag? In erster Linie natürlich helfen Sie anderen Zwillingseltern, die vielleicht noch ganz am Anfang stehen, mit ihren wertvollen Erfahrungen. Zweitens macht es auch einfach Spaß, über die eigene Familie zu schreiben und die eigenen Zwillinge in unserer kleinen Zeitschrift zu sehen.

Allerdings veröffentlichen wir Ihren Beitrag in der neuen Machart unserer Zeitschrift nicht mehr unter vollem Namen, es sei denn Sie wünschen das ausdrücklich. Der Hintergrund dafür ist, dass das neue ZWILLINGE - DAS MAGAZIN dadurch, dass es auch auf online-Portalen angeboten wird, einem größeren Leserkreis angeboten wird. Natürlich werden sich am ehesten betroffene Zwillings- und Drillingseltern für ZWILLINGE interessieren. Dennoch möchten wir jeglichem Missbrauch vorbeugen.

Übrigens: Wer einen Beitrag für unser Magazin schreibt, erhält ein Exemplar des betreffenden Magazins gratis (zur Erinnerung) oder kann sich ein Buch aus unserem Programm aussuchen.

Dann kann's ja losgehen ... wir freuen uns und sind gespannt.

Trauer & Verlust: Wenn's nicht klappt, wie schlimm wird es?

Wie groß ist die Trauer bei werdenden Müttern, wenn sie eines oder beide Babys während einer Zwillingsschwangerschaft verlieren? 28 Betroffene wurden in einer spanischen Studie befragt und mussten konstatieren, dass sie durch das Ereignis in psychische Turbulenzen geraten waren.

Eine spanische Studie hat erforscht, was es für Frauen bedeutet, wenn sie einen oder beide Zwillinge während der Schwangerschaft verloren haben. Die Ergebnisse dieser Studie wurden im Journal of Obstetric, Gynecologic & Neonatal Nursing veröffentlicht.

In der vorliegenden Studie wurden 28 Frauen interviewt, deren eineiige Zwillinge monochorial (siehe Seite 10) angelegt waren und sich somit eine Plazenta teilten. Jede Teilnehmerin der Studie wurde einzeln befragt.

Anschließend trugen die Forscher die Daten zusammen, die unter anderem den Schwangerschaftsverlauf, die Gemütsverfassung der Frauen und soziodemographische Daten (soziodemographische Strukturdaten sind zum Beispiel Geschlecht, Alter, Familienstand, Haushaltsgröße, Bildung, berufliche Situation, Haushaltsnettoeinkommen, Status).

Die Frauen beantworteten zahlreiche Fragen zu Themen wie Trauer, Depressionen und Ängste.

Die Forscher fanden heraus, dass Folgeerscheinungen wie Depressionen, Ängste und posttraumatischer Stress stärker ausgeprägt waren, je stärker die Trauer um den Verlust des ungeborenen Lebens war. Dabei spielte es für die Intensität der Trau-er keine Rolle, wann die Frauen ihr Kind oder beide verloren hatten. Die Intensität der Trauer hing auch nicht davon ab, ob die Frauen schon früher Fehlgeburten erlitten hatten oder nicht. Auch spielte es keine Rolle, ob sie beide Babys oder nur eines verloren hatten.

Auch die Anwesenheit gesunder weiterer Kinder hatte keinen Einfluss auf die Trauer der Teilnehmerinnen.

Schlussendlich fanden die Forscher heraus, dass der Verlust eines oder beider Babys im Verlauf einer monochorialen Zwillingsschwangerschaft einen großen Einfluss auf die Frauen gehabt hatte. Dieses Erlebnis ließ sie in großer emotionaler Verwirrung zurück und machte sie verletzlich für weitere psychologische Probleme. (Quelle: www.about-twins.com)

Alleingeborene Zwillinge - eine sehr informative Seite im Internet

Um zahlreiche Aspekte, die mit dem Tod eines Zwillings während der Schwangerschaft zu tun haben, kümmert sich diese interessante Internetseite:

www.alleingeborener-zwilling.de

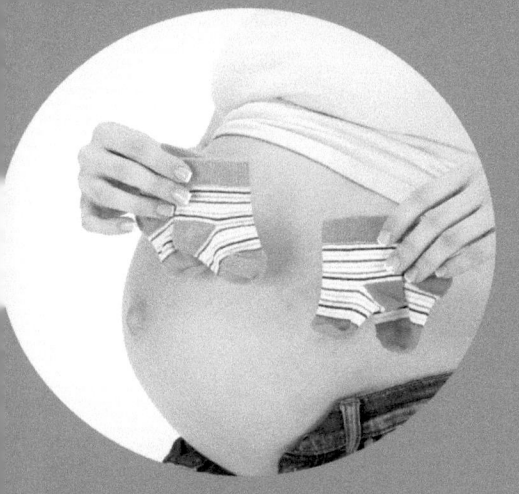

GEBURTSVORBEREITUNG FÜR ZWILLINGSSCHWANGERE

IN BERLIN

INHALT

- Wahl des Geburtsortes
- Erstausstattung
- Geburtsverlauf, Geburtspositionen
- Natürliche Geburt / Kaiserschnitt / BEL
- Informationen über Klinikroutinen
- Bindung vor und nach der Geburt
- Stillvorbereitung
- Die ersten Tage mit Zwillingen / Wochenbett
- Unterstützungsmöglichkeiten
- Frühchen
- Austausch und individuelle Fragen

PRAKTISCHE ÜBUNGEN

Atem- und Entspannungsübungen
Körperarbeit, Masssagen
Gedanken-/Geburtsreise
Schulung der Körperwahrnehmung

INFORMATIONEN

Wann:
Samstag - Sonntag 16. - 17.2.2019,
10 - 17 Uhr inkl. 1 Stunde
Mittagspause

Wo:
Stubenrauchstrasse 5
12161 Berlin

Wieviel:
Gesetzlichversicherte: keine*
Privatversicherte: 163,20 €
Partner: 120 € **

* Der Kostenanteil für Schwangere wird durch Teilnahmebestätigung direkt mit der Krankenkasse abgerechnet.
**Der Partneranteil wird von einigen Krankenkassen erstattet.

Wer:
Jana Friedrich (Hebamme)
Inga Sarrazin (Zwillingsmutter und Stillberaterin (AFS)

Wie:
jana@hebammenblog.de
inga.sarrazin@maternita.de

Was:
Versichertenkarte
gemütliche Kleidung
Partner

Drei Kinder unter drei: Hilfe annehmen

Unverhofft kommt oft - was machen Eltern eines Fast-noch-Babys, wenn plötzlich Zwillinge erwartet werden? Einlingsmutter Karin hat sich nicht verrückt machen lassen und für die erste Zeit bezahlte Hilfe organisiert. Jetzt hat sie eine ältere Frau, die sich freut, mit den Zwillingen zwei- bis dreimal pro Woche spazieren zu gehen.

Drei Kinder unter drei ... mein Motto zu diesem Thema heißt: Hilfe annehmen!"
Als unser Sohn Josua 18 Monate alt war, wurden unsere Zwillinge geboren. Durch die viele Hilfe, die ich bekam, war es bis jetzt doch Recht leicht mit unseren drei Kindern unter drei. Ich hatte es mir schwieriger vorgestellt.
Vom Kinder- und Elterngeld leisteten wir uns eine Hilfe, die im Monat 500 Euro kostete. Die junge Polin kam mehrmals in der Woche und unterstützte mich, wo es ging.

Ein nettes Gespräch ... und schon habe ich eine Ersatzoma gefunden.

Und vor kurzem traf ich zufälligerweise eine sehr liebe 60jährige Dame, die bis vor kurzem als Gemeindeschwester hier tätig war und jetzt in Pension ist. Sie selbst hat keine Kinder.
Ich fragte sie einfach, ob sie zwei- bis dreimal pro Woche mit den Zwillingen spazieren fahren möchte und ganz freudig und glücklich sagte sie „ja". Und die gute Frau hat jetzt wieder eine Aufgabe in ihrem Leben und mir ist auch geholfen.
Ich würde jeder Zwillingsmutter raten, Hilfe anzunehmen. Hier in unserer Umgebung treffe ich immer wieder Mütter die schon mit einem Kind furchtbar gestresst sind und die man allzu oft mit ihren Kindern schreien hört.

Man muss die Kinder auch mal abgeben können ...

Aber genau bei diesen Müttern ist mir aufgefallen, dass sie sich absolut nicht helfen lassen wollen. Nie würden sie ihr Kind auch nur für eine halbe Stunde der Oma geben ...
Bestimmt gibt es auch Mütter, die niemanden haben. Das stelle ich mir schon schwer vor. In so einem Fall würde ich mit einem Inserat nach Hilfe suchen oder in er Kirchengemeinde mal nachfragen. Überall gibt es ältere Damen, die sich freuen würden, „Oma spielen" zu können.
Auch die Taufpaten unserer Kinder haben wir so ausgewählt, dass sie sich alle zwei Monate mal für einen Nachmittag melden.
Morgen gehe ich mit meinen dreien zu einer Krabbelgruppe, da nehme ich zum Beispiel das fünfzehnjährige Nachbarsmädchen mit. Und schon wieder habe ich mir Hilfe organisiert.
Während ich jetzt hier sitze und schreibe „unterhält" sich meine 88jährige Uroma

Drei Kinder unter drei sind schon eine Aufgabe - wer sich helfen lässt, stemmt den Alltag leichter. Und Menschen, die gerne einspringen, finden sich überall.

mit den Zwillingen, das macht sie ganz prima. Und unser Zweijähriger hält mit dem Opa einen Mittagsschlaf. Das machen die beiden auch ganz prima.
Vielleicht habe ich besonders viel Glück oder ich sehe es besonders locker? Ich bin allerdings sicher, dass ich auch ohne Verwandtschaft vor Ort gut zurecht käme. Ich würde sicher jemanden finden, der mir ehrenamtlich hilft.

Mütter können sich auch gegenseitig helfen - man muss sich nur etwas einfallen lassen.

Ich werde mir jetzt auch eine Mutter suchen, die einmal pro Woche mit ihren Kindern zu mir kommt und ich dann einkaufen gehe oder andere Erledigungen machen kann. Das Gleiche biete ich dieser Mutter auch an, so dass wir uns gegenseitig helfen. Man muss sich nur etwas einfallen lassen.

(Karin R.)

Kinderbetreuung suchen leicht gemacht

Nicht jeder hat Verwandte, die helfen können, und nicht immer findet sich so leicht eine Ersatzoma wie bei unserer Autorin Karin. Dafür gibt es allerdings einige Internetportale, die Helferlein vermitteln. Zum Beispiel:

- www.betreut.de

- www.familienservice.de

- www.hallobabysitter.de

- www.haushaltsjob-boerse.de

- www. wellcome-online.de

Wichtig ist auch immer, die rechtliche Situation vorher gründlich abzuklären, wenn man die Aufsichtspflicht an andere abgibt.

Die meisten Portale helfen auch hier.

Fläschchengeben leicht gemacht - zu Hause & unterwegs

Nie werde ich vergessen, wie wir in unserer ersten Nacht mit den Zwillingen Maximilian und Constantin um 2 Uhr nachts lachend im Kinderzimmer standen - die Jungs hatten Hunger und wir waren nicht vorbereitet. Zwillingsmutter Svenja hat uns ihre Tipps verraten, wie sie immer gut vorbereitet war.

Ich weiß, es gibt schon einige gute Tipps zum Thema Fläschchen geben bei Zwillingen. Es wurden ja auch schon einige Beiträge im ZWILLINGE Magazin gedruckt.
Allerdings wollte ich auch gern nochmal unser ausgeklügeltes System als Tipp weitergeben:
Da ich meine Jungs (Frühchen) durch den Klinikstress nur kurzzeitig stillen konnte, mussten wir schleunigst kreativ werden, um unsere kleinen „Drachenbabys" möglichst schnell, mit wenig Aufwand satt zu kriegen. Ich konnte sowieso nicht voll stillen, also haben wir uns schon kurz vor der Entlassung aus der Klinik die Gedanken machen müssen.

Hier einmal unsere Tipps:

Zunächst haben wir einen großen Sterilisator von MAM angeschafft. Unsere Jungs haben nur NUK Flaschen akzeptiert. In diesen Sterilisator passen bis zu sieben Weithalsflaschen. Von den großen NUK Flaschen passen da allerdings nur sechs vernünftig rein und zwei kleine Flaschen. Oben war dann sehr viel Platz für Gewinde, Sauger und auch Schnuller. Dann haben wir von Munchkin Sprout einen Trockenbaum angeschafft. Zusätzlich gab es die Pulver

Spender von Philips Avent. Die bieten Platz für Pulver von drei Flaschen. Wir haben vier Spender angeschafft. Also für die Pulvermenge für sechs Flaschen pro Kind.

Die Vorbereitungen für Tag und Nacht:

Glücklicherweise haben unsere Kinder sich schon 3 Wochen nach der Geburt von „Drachenbabys" zu „siebenköpfigen Raupen" entwickelt. Sie kamen auf die vorgeschriebenen Trinkmengen und nahmen stetig zu. Die beiden Herren hatten einen Trinkrhythmus von drei Stunden und zwar wie ein Uhrwerk. Keine Minute länger und dann ging es aber von 0 auf 100.
Um daher für die Nacht gerüstet zu sein, haben wir abends, wenn die Kinder gegen 20.00 Uhr ihr letztes Fläschchen hatten und während unser Abendessen auf dem Herd köchelte, die Fläschchen abgewaschen und sterilisiert. Das Kochen, Abwaschen und Sterilisieren war alles in einem eine Aktion von 35 Minuten. Meistens bewachte einer das Abendessen und der andere kümmerte sich um die Flaschen. Nachdem alles steril war, haben wir die Flaschen für die Nacht vorbereitet. Wir haben pro Kind drei Flaschen mit abgekochtem Wasser vorbe-

reitet. Und zwar haben wir 2/3 kochendes Wasser in die Flaschen gefüllt, dann kamen Plättchen, Gewinde, Sauger und auch Verschlussdeckel drauf und alle sechs Flaschen mit dem heißen Wasser ab in den Kühlschrank. So bleibt das Wasser keimfrei und man hat schon die nötige Menge Wasser zum Anmischen kühl in der Flasche.

Dann wurden die Pulverspender mit der jeweils benötigten Pulvermenge befüllt. Wenn es dann nachts Zeit für eine Flasche wurde, ging, nein torkelte, einer von uns runter in die Küche. Der erste Schritt war Wasserkocher befüllen und anstellen und zwar mit einer geringen Menge Wasser, damit er schneller kocht. In der Zeit je Kind ein Fläschchen aus dem Kühlschrank holen und mit der bereits abgefüllten Pulvermenge befüllen, schütteln bzw. schwenken (bei Koliken) und zum Schluss das fehlende kochende Wasser drüber. Zeitaufwand circa zwei Minuten und die Fläschchen haben schon Trinktemperatur.

Morgens ging es dann genauso weiter. Ich habe nach demselben System die Flaschen für den Tag vorbereitet. Auch wenn wir für den Tag und für die Nacht jeweils sechs Flaschen pro Kind brauchten, haben wir tatsächlich zwölf Flaschen mit Saugern gekauft, falls ungeahnte Vorkommnisse das rechtzeitige Abwaschen und Sterilisieren verhindern. Das entzerrt das Ganze ein bisschen und saubere Flaschen waren auf Vorrat vorhanden.

Wenn ein Kind doch häufiger Hunger hatte, dann haben wir ein sauberes Fläschchen vom Baum genommen und nach dem o.g. Prinzip zusammen gemischt. Wir haben morgens immer zusätzlich noch eine 1-Liter-Tupperflasche mit abgekochtem Wasser befüllt und im Kühlschrank gelagert. Die haben wir entweder für unterwegs genutzt, oder für den kleinen Hunger zwischendurch ;-)

Wir haben stets nach Bedarf gefüttert.

Fläschchen für unterwegs

Unterwegs haben wir ein ähnliches System angewendet.

In einer kleinen Kühltasche mit Kühlakku haben wir das kalte abgekochte Wasser transportiert. Die Kühltasche passte in den Korb unter dem Kinderwagen. Den Fläschchenwärmer für unterwegs von Avent haben wir mit kochendem Wasser befüllt und in der Wickeltasche transportiert und natürlich waren auch die Pulverspender mit dabei. So hatten wir auch unterwegs die Flaschen innerhalb von zwei Minuten fertig.

Da war mal eine sehr nette ältere Dame beim Bäcker schwer beeindruckt, wie schnell wir die Flaschen in den brüllenden Kindern hatten. Sie wollte den Tipp an ihre Großnichte weitergeben, die Zwillinge erwartete. An einem Tag, wo alles nicht ganz rund lief und wir völlig übermüdet waren, war das Balsam für die Seele, das Gefühl zu bekommen, dass man doch etwas richtig gut macht … (Svenja F.)

Das ist der sensationelle Trockenbaum für Flaschen von Munchkin Sprout. Sinnvoll für das Trocknen der Flaschen und auch noch ein Blickfang.

Schnelle Tipps & gute Ideen für Zwillinge

Zwillings- und Drillingseltern müssen vor allem praktisch denken. Deshalb haben sie Tipps und Ideen auf Lager, die wirklich hilfreich sind. Haben Sie auch einen Vorschlag, der auf diese Seite passt? Her damit!
Unsere E-mail: info@twins.de

Das Zwillingsklamotten kennzeichnen wird immer wieder empfohlen, damit gleiche Sachen nicht durcheinanderkommen. Zwillingsmutter Meike hat aber einen zusätzlichen Rat an alle.

Hier mein Tipp zum Unterscheiden von gleichen Zwillingsklamotten. Ich habe die Sachen meiner Zwillinge immer mit Bilden gekennzeichnet. Enya kriegt einen Schmetterling und Jill ein Herz. So konnten die zwei schon früh ihre Sachen zuordnen, ohne lesen zu können.
Außerdem verkaufen sich die Sachen auf dem Flohmarkt auch besser, als wenn ein Name drin steht.

Es fehlt immer eine Hand, ein Arm oder irgendein Körperteil, wenn Zwillinge zu versorgen ... oder zu tragen sind. Zwillingsmutter Sabine hat sich mit einem Tragetuch beholfen.

Da Fabian und Lisa erst mit 17 Monaten richtig gelaufen sind, mir aber beide zu schwer zum gleichzeitigen Tragen waren, kam ich auf die Idee mit dem Tragetuch. Bei Gelegenheiten, wo ich mit dem Zwillingskinderwagen nicht hinkam, (zum Beispiel in die Kinderarztpraxis im ersten Stock mit engen Treppen), band ich mir das Tragetuch um und setzte mir ein Kind auf die Hüfte ins Tuch. Das andere Kind konnte ich dann bequem aus dem Auto holen

Eigene Sachen erkennen, ohne lesen zu können? Ganz einfach mit einem Bildchen, das jedem Zwilling fest zugeordnet wird. Hier Enya (links) und Jill.

und gleichzeitig auf dem anderen Arm tragen. Das Tragetuch hat für eine kurze Strecke gereicht, um beide Kinder gleichzeitig zu transportieren. Sonst habe ich es eher selten benutzt, da ich ja meist allein war und keine Hilfe hatte.

Man kann Zwillinge sogar mit Tragetüchern gleichzeitig tragen. Bis man „den Bogen raushat", kann man sich helfen lassen - es gibt in Großstädten oft auch Trageberatungen und auch auf der Internetseite von Tragetuchspezialist Didymos gibt es gute Anleitungen.

Essen lernen: meine Zwillinge essen erst selbst, wenn es geht

Die meisten Eltern haben den Ansporn, dass ihre Kinder schnell lernen, selbst zu essen. Doch mit Zwillingen ist es nicht einfacher ... die Sauerei, die es zwangsläufig zu Beginn gibt, macht zusätzlich Arbeit. Zwillingsmutter Sabine hat deshalb die „von-der-Hand-in-den-Mund-Phase" bei den Zwillingen übersprungen. Essen lernen Fabian und Louis auch so.

Um die Mahlzeiten nicht zu einer großen Sauerei werden zu lassen, hatte ich eine Idee. Mein älterer Sohn Tobias hat am Anfang seiner „Selber-Essen-Zeit" erst mit der Hand gegessen, auch Gemüse, Nudeln mit Spinat oder Kartoffeln mit Soße. Diese Sauerei auf dem Tisch, an Händen und auf den Pullis wollte ich mir mit zwei Kindern gleichzeitig nicht antun, zumal Fabian auch gern mit dem Essen und den Tellern herumspielt.

Also habe ich diese Phase einfach weggelassen, habe die Zwillinge zwei bis drei Monate länger gefüttert und ihnen dann gleich eine Gabel in die Hand gedrückt.

Warum soll ich die Mancherei-Phase mitmachen?

Sie durften dann am Anfang erstmal das selber essen, was man mit einer Gabel aufpieksen konnte. Da gibt es ja eine Menge Lebensmittel, die man anbieten kann.

Später kamen dann Dinge dran, die man mit einem Löffel essen konnte und da üben wir gerade noch.

Den praktischen Fütterhelfer „Perfect Feeder" hatten wir schon in ZWILLINGE - das Magazin Nr. 33 vorgestellt.

Und wenn es schnell gehen muss, gibt es auch jetzt noch das Essen von mir. Und das klappt wunderbar - die Sauerei und Matscherei mit Essen hält sich in Grenzen, auch wenn's ein bisschen länger dauert, bis Fabian und Louis allein essen können. (Sabine H.)

Essen lernen die Zwillinge noch früh genug. Bloß kein Stress mit dem Herumgemansche ... findet Zwillingsmutter Sabine. Und wie man sieht - es klappt schon ganz gut ...

Unsere Buch-Zwillinge zum Thema „Zwillinge & Drillinge stillen"

Seit vielen Jahren zählt Susanne Wittmairs Buch „Zwillinge stillen" zu den Standardwerken für Zwillings- und Drillingsmütter. Im Spätherbst hat es jetzt eine Ergänzung bekommen: das neue Stillbuch von Inga Sarrazin, das Zwillingsmütter direkter anspricht und auch Blankoseiten für ein kleines, eigenes Still-Tagebuch enthält.

Beide Bücher gibt es im Buchhandel und auch unter www.twins.de - bei uns sogar in einem kleinen Sonderangebot - weil wir ein neues Heft ZWILLINGE - DAS MAGAZIN gratis mitschicken.

Plantschen mit Käpt'n Bo und Kätzchen

Baden ist weit mehr als nur Sauberwerden. Baden entspannt, Baden macht - natürlich auch - sauber, aber ein Aufenthalt in der Badewanne schult auch die Sinne und macht Spaß. Für den Badespaß hat die Firma Bübchen die passenden „Spielsachen" parat, die viel Schaum machen und Wasser färben.

Baden oder gebadet werden ist für die meisten Babys eine wunderbare Erfahrung ... sie fühlen sich im warmen Wasser wohl und entspannen sich. Ist das nicht ähnlich wie die langen Monate vor der Geburt im Mutterleib?

Wasser und ein schönes Bad können jedoch mehr als „alte Erinnerungen wiederbringen" ... Badespaß ist etwas für alle Sinne: Beim Baden kann man die kindliche Entwicklung fördern. Und das gilt natürlich auch für Zwillinge.

Alle Kinder sind kleine Entdecker und begreifen die Welt mit allen Sinnen. So wird auch beim Baden die kindliche Ent-

wicklung beim fröhlichen Plantschen im Schaumbad ganz nebenbei geschult. Wie das geht erklärt die Firma Bübchen, die die richtigen Spielzeuge dafür entwickelt hat. Zum Beispiel Käpt'n Bo oder die niedlichen Kätzchen, die das Wasser nicht nur weich machen, sondern auch rosa einfärben. Einen Überblick über die Produkte auf Seite 24.

Wie begreifen kleine Kinder die Welt?

Kleine Kinder begreifen die Welt mit allen Sinnen. Sie setzen Augen, Ohren,

die Nase und vor allem die Hände ein, um so viel wie möglich wahrzunehmen und zu verstehen. Das Erkunden von verschiedenen Gegenständen und Materialien ist für die Kleinen eine sinnliche Entdeckungstour.

Auch wenn zum Beispiel das Riechen an Laub, das Zerrupfen der Blätter und Begutachten der bunten Farben und unterschiedlichen Formen sehr viel Spaß macht, ist es mehr als nur Spielerei. Jede Berührung, jeder Geruch und Geschmack, jedes Geräusch hilft, Erfahrungen zu sammeln und daraus zu lernen. Bei einem Sinneseindruck bilden sich im Gehirn eines Kindes neue Verbindungen. Auf dieser Grundlage entwickeln sich auch die verschiedenen Formen der Intelligenz.

Gezielt den Tastsinn fördern

In der Natur können Zwillinge zum Beispiel beim Matschen, Steine- und Stökkesuchen oder Sandburgenbauen viele Sinneseindrücke sammeln. Gerade der Tastsinn spielt eine bedeutende Rolle, denn durch das Berühren von unterschiedlichen Dingen lernen Kinder, ihre Umgebung sowie komplexe Zusammenhänge zu verstehen. Auch im Alltag lässt sich dieser Sinn fördern: So kann zum Beispiel auch die heimische Badewanne zum Ort für sinnesanregende Badeabenteuer werden. In Schaumbädern können die Kleinen den Schaum mit ihren Fingern ertasten. Die Rezeptoren der Haut nehmen die Temperatur und die Feuchtigkeit des Schaums auf. Hierbei wird sowohl die Fein- als auch die Grobmotorik gefördert und zusätzlich die Fantasie beim Formen der kleinen Bläschen beflügelt. Besonderen Spaß macht es zum Beispiel, Schaumhüte und -bärte zu formen: einfach einen großen Schaumberg auf dem Kopf des Zwillingsgeschwister-

chens, der Eltern oder auf dem eigenen Kopf verteilen oder als Bart ans Kinn kleben.

Wie man auf dem Foto links sieht, haben die Zwillinge Philipp und Jonas großen Spaß daran.

Spielend den Hörsinn entdecken

Ein ausgeprägter Hörsinn ist für die Entwicklung von Kindern sehr wichtig. Durch das Aufnehmen verschiedener Laute und Klänge können sie das Gehörte mit bisherigen Erfahrungen in Zusammenhang bringen, lernen Geräusche zu unterscheiden und diese zuzuordnen. Auch für das Erlernen und Verbessern von Sprache ist ein gutes Gehör unerlässlich. Das räumliche Hören bildet sich erst im Laufe der Zeit durch unterschiedliche Hörerfahrungen aus. Dass Kinder Geräusche, die sie selbst erzeugen oder die aus ihrer Umwelt entstammen, besonders faszinierend finden, können sich Eltern zunutze machen. Sie können den Hörsinn ihrer Schützlinge ganz leicht und spielerisch im Alltag fördern beispielsweise mit einem Badezusatz mit Knistereffekt. Bübchen hat dafür die Magische Knister-Welt entwickelt. Für ein spannendes Hörabenteuer streut man während die Zwillinge bereits im warmen Wasser sitzen, den knisternden Badezusatz ein. Dann müssen die Zwillinge nur ganz still sein und lauschen. Nebeneffekt - es wird ein Spiel draus: Wer das allerletzte Knistergeräusch gehört hat, hat gewonnen und darf dann das nächste Spiel aussuchen.

Sehsinn schulen, leicht gemacht

Der Sehsinn ist einer der wichtigsten Sinne des Menschen. Gerade im Kindesalter ist er dafür verantwortlich, dass Informationen über die Umwelt aufgenommen, verarbeitet und eingeordnet werden können.

Das Sehen ist aber nicht gleich von Geburt an voll ausgereift. Das Zusammenspiel beider Augen entwickelt sich noch bis ins Teenageralter hinein. So sehen Kleinkinder zwar genauso gut wie ihre Eltern, doch sie können zum Beispiel Geschwindigkeiten noch nicht so gut abschätzen.

Baden ist mehr als „Sauber werden" ...

Wer die visuelle Wahrnehmung der Kleinen gezielt fördern möchte, kann einfache Übungen und Spiele ganz leicht in den Alltag integrieren. Sei es das „Ich sehe was, was du nicht siehst"-Spielen im Wartezimmer beim Kinderarzt oder das Memory-Spiel am Nachmittag - aber auch beim Plantschen in der Wanne - wer hätte das gedacht?! - können die Augen geschult werden. Dafür eignet sich der Einsatz von farbigen Badegranulaten oder Farbwechselbädern, die dem Wasser eine neue Farbe verleihen.

Baden und Spielen in einem.

Das Spiel geht so: Zuerst schauen sich die Zwillinge den Badezusatz ganz genau an und legen sich auf eine Farbe fest, die das Wasser nach dem Einschütten ihrer Meinung nach haben wird. Nun gibt man das Granulat in die Wanne und wie von Zauberhand färbt sich das Wasser in einem ganz anderen Ton. Gewonnen hat derjenige, der dem neuen Farbton mit seiner Schätzung am nächsten kam. Und der darf dann auch über die nächste Farbe entscheiden.

Was bringt's? Außer Spaß lernen die Zwillinge durch solche Spiele, ihr Umfeld und auch Kleinigkeiten besser wahrzunehmen.

Käpt'n Bo enthält blaues Badegranulat mit Vitamin E und natürlicher Aloe vera, das das Wasser färbt. Praktisch: Käpt'n Bo lässt sich auch nach dem Verbrauchen des Badegranulats noch als Schiff verwenden. Bei Zwillingen sinnvoll: zweimal Käpt'n Bo, damit kein Streit entsteht.

Das Kuschel-Bad mit Kätzchen färbt das Wasser pink. Wer's lieber blau mag, kann das „Alles-Klaro-Bad" kaufen - das macht das Wasser blau.

Neues von der Messe „Kind + Jugend" Köln

Jedes Jahr im Frühherbst findet in Köln die Messe Kind + Jugend statt, auf der immer wieder erstaunliche Neuigkeiten präsentiert werden. Diesmal haben wir einen sehr variablen Hochstuhl für Sie gefunden - den Flippo Kids und einen neuen, schicken Zwillingswagen aus England (siehe Seite 28).

Was kann einem Erfinder besseres passieren, als in der beliebten Fernsehsendung von Vox „Der Höhle des Löwen" auf einen Investor zu stoßen? Jungunternehmer Alexander Haunhorst aus Köln hat es geschafft, mit seinem ausgeklügelten Möbel-Stecksystem, dem Hochstuhl „flippo one" die Jury zu überzeugen. Vor allem in Punkto werkzeugfreier Aufbau und Multifunktionalität konnten die beiden begeistern. Und so stieg Investorin Dagmar Wöhrl mit 50.000 Euro in das Kölner Start-up-Unternehmen ein. Aber zurück zum Anfang.

Vorstellung auf der Messe Kind + Jugend in Köln.

Die Flippo Kids GmbH mit Sitz in Köln hat den ersten Hochstuhl entwickelt, der gleich vier Funktionen erfüllt: Der „flippo one" ist Hochstuhl, Kinderstuhl, Lernturm und Sitzbank in einem. Von der Idee bis zur Marktreife hat Gründer Alexander Haunhorst den „flippo one" 2017 eigentlich für seinen damals einjährigen Neffen entwickelt. Daher der Name: Neffe Philipp ist Flippo.

Das Besondere an diesem Hochstuhl: Alle Bestandteile des Hochstuhls lassen sich kinderleicht ohne Werkzeug aufbauen und ineinanderstecken. Auf der Messe Kind + Jugend, die vom 20. bis

23. September in Köln stattgefunden hat, stellte der Jungunternehmer seine Neuheit erstmals vor.

Und auch wir stellen den genialen Hochstuhl hier vor - denn gerade für Zwillingseltern ist ein Mehrfachnutzen von Anschaffungsgegenständen ehr wichtig.

Von der Idee zur Umsetzung ...

„Erfinder" Alexander Haunhorst ließ sich von den seiner Schwägerin und vor allem von den individuellen Bedürfnisse von Eltern und deren Kindern inspirieren. „Als ich 2017 den ersten Prototyp für meinen Neffen Philipp entwarf, sind mir immer wieder neue Ideen gekommen und ich habe mir überlegt, wovon er möglichst lange etwas hat", erzählt der Geschäftsführer. Seine Schwägerin wusste um seine handwerklichen Fähigkeiten und hatte ihn kurzerhand beauftragt, einen Lernturm für den Neffen Philipp zu bauen. Daraus entstand schließlich ein multifunktionales Möbelstück: der „flippo one". Vier Monate dauerte es, bis der erste Prototyp stand.

Vierfachnutzen und mitwachsend.

Sobald das Kind selbstständig sitzt, will es mit am Tisch sitzen. Hierfür eignet sich der Hochstuhl mit Tischplatte. Die

Werkzeugfrei aufgebaut und total flexibel: Hochstuhl „flippo one".
Wichtigster Vorteil für Zwillingseltern: die lange Verwendbarkeit.

Rückenlehne ist individuell verstellbar, sodass der Nachwuchs nicht durch ein Gurtsystem festgeschnallt werden muss.

Aus dem Hochstuhl wird ein Kinderstuhl.

Ist das Kind für den Hochstuhl zu groß, nimmt man die Tischplatte einfach ab und steckt die Sitzfläche in der für das Kind optimalen Höhe ein. Im Handumdrehen wird aus dem Babyhochstuhl ein Kinderstuhl.

Auch Zwillinge lieben es, am Geschehen in der Küche teilzuhaben. Sie wollen mitmischen und beim Kochen oder Backen helfen. Das geht am besten mit einem so genannten Lernturm. Mit wenigen Handgriffen können die Eltern den Stuhl also umfunktionieren und die Stehfläche einfach da anbringen, wo sie gebraucht wird, das Kind steigt einfach drauf und fertig! Damit steht dem gemeinsamen Kochen der Zwillinge mit Mama oder Papa nichts mehr im Weg.

... und dann eine Sitzbank.

Besonders praktisch und durchdacht: Kippt man den Stuhl zur Seite und positioniert die Tischplatte hinten als Rückenlehne, entsteht in Sekundenschnelle eine Sitzbank. Diese können Kinder bis ins Grundschulalter nutzen. Das ist vor allem für Mehrlingseltern wichtig, denn sie müssen sich jede Anschaffung, die nur eine kurze Zeit benötigt wird, gut überlegen. Der „flippo" ist langlebiger -

er kann die Zwillinge durch das ganze Kinderleben sinnvoll begleiten.

Kindermöbel aufbauen leicht gemacht

Dank des innovativen Stecksystems lassen sich alle „flippo one"-Varianten ganz ohne Werkzeug aufbauen. Für zusätzliche Stabilität sorgen die so genannten flippo dots - PE-Kunststoffhülsen.

Junge Eltern werden auch vom flippo-Design angesprochen: der Verwandlungskünstler Hochstuhl kommt in pastelligen Farben daher, die sich wirklich jeder Umgebung anpassen.

Sein Produktportfolio hat Alexander Haunhorst mittlerweile um vier Artikel erweitert. Seine Intention: den Alltag von Familien durch praktische, lange nutzbare Kindermöbel einfacher zu machen. Auf alle Artikel gibt der Hersteller eine Garantie von fünf Jahren.

Wo gibt's den Hochstuhl mit eingebautem Mehrfachnutzen?

Den „flippo one" gibt es seit Oktober in Weiß, Türkis und Rosé online für 250,- Euro (UVP).

Mehr über Flippo Kids unter

www.flippo-kids.com

iCandy: So fährt man in England mit Zwillingen

Das kann man sich heute kaum vorstellen: vor 30 Jahren war die Auswahl an Zwillingskinderwagen sehr übersichtlich und wirklich praktisch waren die wenigen Wagen alle nicht. Da haben es heutige Zwillingseltern besser ... doch halt, zu viel Auswahl macht die Entscheidung auch nicht leicht. Hier kommt ein neues Modell des englischen Herstellers „iCandy".

Die neuen Kinderwagen werden immer stylischer. Wer in einer Großstadt wohnt, kann die neuen, flotten Citywagen mit kleinen Reifen vorne bestens benutzen. Aber was ist mit Modellen für mobile Zwillingseltern? Was gibt es da Neues?

Interessante Anordnung von Wannen und Sitzen.

Wir wurden jetzt auf die Zwillingsversion des englischen iCandy aufmerksam, die vor allem durch ihre geringe Breite und durchdachte An-

Die Geschwisterversion steht dem Einlingswagen in nichts nach. Überall kommt man durch, Engstellen sind kein Problem mehr. Beide Kinder haben genügend Platz. Und wenn man den Wagen verkaufen möchte, kommen auch Eltern mit unterschiedlich alten Kindern als Käufer in Frage.

ordnung der Wannen auffällt, wenn man sie betrachtet.

Und was wurde auf der Kölner Messe Kind + Jugend an Neuerungen präsentiert? Der Hersteller schreibt dazu: „Der neue iCandy Peach Double Geschwisterwagen wurde mit zahlreichen kleinen, aber raffinierten Neuerungen versehen." Im Klartext bedeutet das: der Zwillingswagen, der auch als Geschwisterwagen fungiert, lässt sich jetzt noch besser manövrieren. Er ist besonders leicht und dehalb sogar einhändig benutzbar.

Auf der dazugehörigen Internetseite lässt sich der Kinderwagen individuell zusammenstellen. Im normalen Lieferumfang sind enthalten: das Gestell, die Sitzeinheiten, der Steppbezug, die Sicherheitsbügel, der Babyschalenadapter, Höhenversteller und die Regenüberzüge.

iCandy Peach und iCandy Orange für Einlinge gibt es auch als Blossom Twin Variante für Zwillinge.

Technische Details:

- Peach Blossom Twin: Maße: 72 x 60 x 95 -105 cm (Länge, Breite, Höhe - variiert je nachdem, wie weit man den Schiebegriff herauszieht). Gewicht mit zwei Babywannen etwa 15 Kilogramm.

- Orange Twin: Maße: 72 x 60 x 95 - 105cms(Länge, Breite, Höhe - variiert je nachdem, wie weit man den Schiebegriff herauszieht). Gewicht mit zwei Babywannen etwa 17 Kilogramm.

Die Preise:

- Peach Blossom Twin: 1.630 €

- Orange Blossom Twin: 1.510 €

Interessierte Eltern im deutschsprachigen Raum können den iCandy-Zwillingswagen derzeit vor allem über das Internet erwerben oder auf der Internetseite des Herstellers einen örtlichen Anbieter finden. Demnächst Informationen auch auf der Messe „Babywelten" in Berlin und Stuttgart.

Weitere Informationen auch unter:

www.icandy.com

Adventskalender selbst gebastelt

Ein selbstgebastelter Adventskalender macht nicht nur Spaß, wenn er nach und nach „entdeckt" werden kann, sondern schon beim Basteln selbst. Edding, die Firma mit den tollen Fasermalern, hat eine Idee entwickelt, die größere Zwillinge schon nachbasteln können: Den Tannenwald.

Die kreative Sprayidee, Adventskalender Tannenwald, lässt sich mit ein paar Zutaten aus dem großen Edding-Programm leicht herstellen. Die Anleitung in Bildern auf Seite 31.

Bastelspaß mit Zeitungspapier.

Dieses Jahr hat Edding eine ganz besondere Adventskalenderidee entwickelt:

24 Zipfelmützen oder Tannenbäume, ganz wie man will, werden als Überraschungstüten aufgestellt.

Die Tannenbäume bestehen ganz einfach aus zusammengerolltem Zeitungspapier, die mit edding Permanentspray dekorativ gestaltet werden. Über 35 prächtige Farbtöne stehen zur Auswahl, jedes Hütchen wird mit zwei Farben lackiert, die ineinander verlaufen. Mit dem Farbspray

Das Material

Tüte rollen und festkleben

Tüte gerade abschneiden - überstehendes Papier nach innen

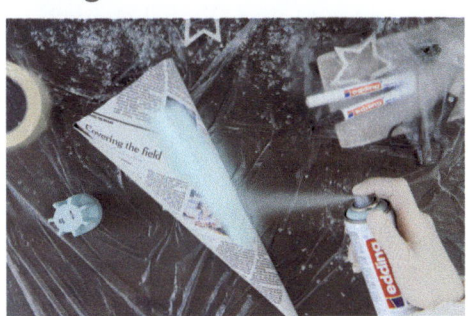

Sprühen sollte die Mama - runde Schildchen ausschneiden

Löcher in die Schildchen stanzen - mit edding beschriften

gelingen mit Leichtigkeit wunderschöne Farbübergänge.

Abschließend werden die Geschenkhütchen mit Ziffern versehen und mit Lekkereien und kleinen Geschenken gefüllt und an einem passenden Ort platziert. Natürlich müssen Erwachsene ein wenig mithelfen, wenn mit Farbsprays hatiert wird. Aber gerade wenn jetzt die Tage kürzer werden und die Witterung schlechter, macht es ja auch Spaß, zusammen mit den Zwillingen zu basteln.

Noch mehr gute Ideen für die Vorweihnachtszeit

Band 3: Weihnachten mit Zwillingen
mit 24 Ideen für die Adventszeit, Weihnachtsgedichten & -liedern

Edition Kirchweihtal   zusammengestellt von Gisa Otto

Hier haben unsere Leserinnen und Leser ihre gute Ideen für die Vorweihnachtszeit und Weihnachten zusammen getragen. Quasi ein Adventskalender in Buchform. Im Handel nur noch gebraucht auf Lager. Wir haben noch einige neue Exemplare zu verkaufen.

„Weihnachten mit Zwillingen - mit 24 Ideen für die Adventszeit, mit Weihnachtsgedichten und -liedern", 76 Seiten, 11,90 Euro, ISBN 978-3-927058-31-6.

Ein Kalender für die Hosentasche geht immer ... 24 kleine Weihnachtsengel hat 24 feste kleine Kärtchen und einen Ständer dafür, so dass man sich täglich eines des kleinen Kärtchen aufstellen kann. Vorne drauf die kleinen (B)Engel, hinten drauf ein sinnreicher Spruch. Wir verschenken die kleinen Kalender an Leser/Leserinnen, die uns einen kleinen Beitrag für die nächste Ausgabe ZWILLINGE DAS MAGAZIN Nr. 36 schicken.

Also - ran an die Tasten und einen (kleinen) Beitrag schicken an info@twins.de

Gleich oder nicht gleich: Geschenke für Zwillinge

Zwillinge sind auch nur Menschen ...☺ und sie wollen ab einem gewissen Alter auch als einzelne Personen wahrgenommen werden. Deshalb zerbrechen sich viele Eltern schon lange vor Weihnachten den Kopf, wie sie ihre Kinder beschenken sollen. Wir haben drei Betreiberinnen von Zwillingsshops befragt, wie sie es selber halten.

Heute noch macht mir das Beschenken meiner Zwillinge ein wenig Kopfzerbrechen. Und die sind mittlerweile 34 Jahre alt! Ich versuche, die beiden seit Jahren (inzwischen seit Jahrzehnten) so zu beschenken, dass die Geschenke jeweils zu ihnen passen und trotzdem eine gewisse - finanzielle - Ausgeglichenheit zwischen den Geschenken besteht. Letztes Jahr gab's deswegen für alle drei Söhne Socken - aber die Socken waren die Verpackung für etwas Geld.

Möglichst alles in doppelter Ausführung und gleich!

Als Maximilian und Constantin noch klein waren, haben wir alles gleich und alles doppelt geschenkt. Beim Bobbycar wurde allerdings erst einmal ein Fehler gemacht und statt zweier gleicher Bobbycars ein blauer Jeep als zweites Fahrzeug geschenkt (von den Taufpaten). Das führte zu Streit. Also musste ein zweites Bobbycar - tüpferlgleich - angeschafft werden.
Merke: wenn Erwachsene Geschenke als gleichwertig empfinden, tun das die Zwillinge noch lange nicht ...
Später kauften wir auch Geschenke, die sich ergänzen sollten. War aber auch falsch.

Die Jungs teilten die riesige Legoburg unter sich auf - Max nahm das Hauptgebäude, der bescheidenere Constantin einen kleinen Unterstand für die Jäger.

Unterschiedliche Geschenke wurden erst akzeptiert, als die beiden „groß" waren.

Es dauerte eine Weile, bis die Jungs unterschiedliche Geschenke akzeptierten. Dennoch - der Wert musste ungefähr gleich sein. Heute spielt das natürlich keine Rolle mehr. Der einzige, der auf Wertgleichheit achtet, bin ich - die Mutter.

Uns interessierte, wie halten es andere Zwillingseltern, die ebenso wie ich, beruflich mit Zwillingen zu tun haben.
Wir fragen zum Beispiel Annette Wulf vom Ingolstädter Zwillingsausstatter www.zwillingsburg.de. Auch Zivile Brüske aus Berlin von www.liebzwei.de und Zwillingsmutter Dagmar Derck vom Günzburger www.zwillingslook.de haben uns verraten, wie sie ihre Zwillinge beschenken und damit ihre Meinung zum Thema „Schenken" verraten.

Zwillingsmutter Annette Wulf betreibt in Ingolstadt den onlineshop Zwillingsburg - Im Internet unter www.zwillingsburg.de. Ihre Zwillinge Victoria und Patricia sind zweieiige Zwillinge und jetzt schon 17 Jahre alt.

„Wir hielten es an Weihnachten so: Wenn es Sinn machte, gab's Geschenke doppelt, aber in zwei verschiedenen Ausführungen (zum Beispiel ein Hüpfpferd in rot, das andere in grün). Bei vielen Dingen kann man gar nicht anders entscheiden, als doppelt zu kaufen: Laufrad, Fahrrad, Ski etc. Wenn mich Freunde oder Verwandte hin-

Der Spielbogen ist breit genug für Zwillinge.

Ein Geschenk für zwei ... in diesem Alter gibt's noch keinen Streit um gemeinsame Geschenke.

gegen nach Geschenken zu bestimmten Anlässen gefragt haben, habe ich hier gezielt den Rat gegeben, nur ein Teil für beide zusammen zu schenken, idealerweise war es dann ein Spiel.

Jedes Jahr eine Kasperlfigur - so füllte sich unser Theater.

Ich erinnere mich aber auch gerne an jeweils eine unterschiedliche, hochwertige Kasperlefigur, die meinen Mädchen geschenkt wurden - Stück für Stück wurde das Theater auf diese Weise recht schnell gefüllt.

Zu meiner Zeit gab es leider noch gar keine richtigen Zwillingsspielsachen. Das ist

heute anders! Und es gibt auch in unserem Shop Ideen dazu.

Bei kleinen Zwillingen eignen sich Geschenke für zwei.

Zu Weihnachten würde ich vielleicht den doppelten Spielbogen für kleinere Zwillinge empfehlen. Da passen sie zu zweit drunter und sind beschäftigt. Und dann würde ich vielleicht das Rodelset von Gloco empfehlen. Dann sind die Zwillingseltern auch im Winter mobil und die Zwillinge haben auch etwas davon." (Annette Wulf)

Mehr Info: www.zwillingsburg.de

Dagmar Derck ist ebenfalls Zwillingsmutter und auch sie hat „Zwillinge" zum Geschäftsmodell gemacht und betreibt unter www.zwillingslook.de einen Shop mit modischer Zwillingskleidung. Ihre eineiigen Zwillingsmädchen sind bereits acht Jahre alt.

„Unsere Zwillinge sind für viele zum Verwechseln ähnlich, für uns nur von der Stimme her und sonst zum Glück unterschiedlich genug und sich trotzdem zumeist sehr einig ;-).

Partnerlook mit Bärchen (oben) ... für Drillinge (oder Geschwister): Rudolph mit der roten Nase (links).

Schenken? Nun ja, so ganz viel zu Überlegen gibt es ja da in dem Alter meistens nicht, denn die Wünsche sind zahlreich genug ;-) Gleiche Geschenke gibt es bei uns und gab es bei uns bisher eigentlich nie. Weil sich unsere beiden immer verschiedene Sachen wünschen ... und uns das auch selbst besser gefällt ... und wenn das Gleiche, dann in unterschiedlichen Varianten.

Mit etwa fünf Jahren hatten unsere Girls eine intensive Prinzessinnen- bzw. Piraten-Phase! Da waren unterschiedliche Geschenke natürlich vorprogrammiert. Ansonsten gibt es am liebsten von Grösse und Art her vergleichbare Geschenke in verschiedener Ausführung - zum Beispiel für beide ein Fahrrad (dieselbe Marke, unterschiedliche Farbe), gegen-

gleiche Kleider oder Shirts, etc., Spielsachen, die sich ergänzen und mit denen man gut gemeinsam spielen kann, verschiedene Bücher z.B. zwei verschiedene Bände aus einer Reihe, sodass man danach auch tauschen kann, ...

Ja, selbstverständlich haben wir bei uns im Shop online unter **www.zwillingslook.de** auch Geschenke für Zwillinge!

Auch für Drillinge und Geschwister! Tolle Sets ausgewählter Markenkleidung jeweils im Set für Zwillings-, Drillings- und Geschwister-Konstellationen jeder Art. Ganz toll natürlich als Geburtsgeschenke, aber auch sonst, wenn es mal schöne Klamöttchen als Geschenk sein dürfen." (Dagmar Derck)

Mehr Info unter:

www.zwillingslook.de oder bei Facebook unter www.fb.com/zwillingslook.de

www.liebzwei.de

Živile Brüske aus Berlin ist die dritte im Bunde, die durch die Geburt der eigenen Zwillinge auf die Idee kam, Zwillingseltern spezielle Produkte anzubieten. Heute sind die zweieiigen Zwillingsjungs bereits 9 Jahre alt.

„Unsere zweieiigen Zwillingsjungs Ben und Joris suchen sich ihre Geschenke mittlerweile selbst aus. Als sie noch klein waren, wurden die Jungs von der Familie und Freunden öfters mit individuellen, personalisierten Geschenken beschenkt. Diese fanden wir ganz toll. Aber auch Außergewöhnliches, das nicht jeder hat, genauso wie Lustiges, zum Beispiel mit witzigen Sprüchen bedruckt, mochten wir sehr.

Davon inspiriert, haben wir es uns zur Aufgabe gemacht, nicht nur individuell kombinierbare Zwillingskleidung, sondern auch originelle Geschenke für Zwillinge und deren Geschwister in unserem Zwillingsshop www.liebzwei.de anzubieten. Ein gemeinsames Geschenk für Zwillinge ist eh problematisch, denn wer teilt schon sein Auto gerne ;-)?? In unserem Sortiment führen wir überwiegend Ähnliches, Zusammenpassendes und doch nicht Identisches im Doppelpack. Geschenke mit Namen, die sich ergänzen, kommen bei unsere Kunden besonders gut an.

Aber auch die einzigartigen Zwillings-

shirts, wie der Zwillingszug, der Zwillingsbaum oder das Elefantenherz für zwei von unserem eigenem Label „LIEB ZWEI" gehören zu unseren absoluten Bestsellern." (Živile Brüske)

Mehr Info: www.liebzwei.de

Gleich und doch verschieden: Pullis, die sich ergänzen ...

Darüber freuen sich vor allem die Eltern: Mit speziellem Weihnachtsdesign: Namensteller ...

Weniger schimpfen, weniger Chaos

Zwillingseltern können ein Lied singen vom stressigen Alltag mit Kindern. Zu den normalen Anforderungen im Familienalltag kommen hinzu: Neid, Konkurrenz, Streit (mehr als normal) oder Zusammenhalt gegen jedwede Erziehungsmaßnahme usw. Da schauen wir mal, was das Buch uns rät.

Sabrina Heinke, die Autorin, ist Erfolgsbloggerin - auf ihrem Blog „Mamahoch2" liefert sie ebenso wie im Buch praktische Tipps für den Alltag mit mehreren Kindern. Sie hat erkannt: „Glückliche Kinder haben entspannte Mütter." Leicht gesagt und geschrieben, wenn man nicht in den Schuhen einer Zwillingsmutter steckt. Was macht das Zwillingsmutter-Dasein so anders? Wir Zwillingsmütter (und mehr noch Drillingsmütter) werden immer gleichzeitig mit den

Bedürfnissen unserer Kinder konfrontiert ... allein in dieser Tatsache steckt viel Alltagsstress. Trotzdem kann man sich etwas Gelassenheit anlesen. Sabrina wettert zum Beispiel gegen den Gesellschaftsdruck, der einem vorschreibt, „wie man zu sein hat" ... Weg mit diesem Diktat. Das Buch enthält sehr gute Ansätze dazu.

Außerdem weiß sie: „Selbstfürsorge hat noch niemandem geschadet". Ja! Sie spricht grundsätzliche Familienmissverständnisse an und scheut auch nicht davor zurück, über Wutanfälle, Grenzerfahrungen und Aggression zu schreiben. Sie gibt dem Leser/der Leserin einen „entspannten Familienkodex" an die Hand und „zehn Schlüssel für eine entspannte Erziehung". Dazu gehört auch Quality-Time mit den Kindern. **Mein Fazit:** Das Buch ist übersichtlich strukturiert und fordert zum Mitmachen auf. Ich bin sicher, auch Zwillingseltern profitieren von der Lektüre.

Sabrina Heinke, „Am Ende meiner Nerven sind noch Kinder übrig - weniger schimpfen, weniger Chaos und weniger Stress im Familienalltag", ISBN 978-3-86910-640-3, 19,90 Euro (D), 20,60 (A) und 30,50 CHF.

Welche Kurse mit Zwillingen sind sinnvoll?

Brauchen Zwillinge frühe Förderung? Oder sind sie überfordert, wenn man dauernd Baby- und Kinderkurse besucht? Zwillingsmutter Svenja hat das richtige Maß gefunden und hier für uns einmal zusammengestellt, welche Kurse sie besucht hat.

Das Angebot für sogenannte Frühförderungskurse ist vielfältig: Delfi, PeKip, Babymassage, Babymusikgarten, Babyfitness. Das sind nur einige Kurse, die die Kleinsten auf das Leben vorbereiten sollen.

Auch ich habe mir nach der Geburt unserer Zwillingsjungs überlegt: „Brauchen Babys schon Förderung?" Klare Antwort: „Nein". Zumindest nicht mit diesen Kursen.

Brauchen die Mamas den Austausch mit anderen Mamas? Klare Antwort: „Ja" …

Delfi

Da ich schon immer sehr aktiv war, habe ich unsere Jungs einfach mal zum Delfi angemeldet. Als wir die Zusage bekommen hatten, waren unsere Jungs vier Monate alt. Ab sechs Lebenswochen kann man Delfi machen. Ich wollte allerdings, dass beide etwas älter sind. Wenn man Delfi oder auch PEKiP machen möchte, kann man das das komplette erste Lebensjahr des Kindes machen, sofern der Kurs denn nach jedem Block weiterhin zustande kommt.

Delfi ist in vier Blöcke à drei Monate aufgeteilt. Also … ausprobieren, dachte ich mir. Ich bin mit Sack und Pack (und bei Zwillingen ist Sack und Pack wörtlich gemeint) losgefahren und mit Wickeltasche und zwei Maxi Cosis unterm Arm rein in die Familienbildungsstätte.

Der Kurs war schön strukturiert. Erst gab es immer ein Begrüßungslied und altersgemäß ein bis zwei Streichellieder. Schon in der ersten Stunde haben wir ein kleines Heft für jedes Kind bekommen, wo wir unsere Erlebnisse und Fortschritte der Kinder festhalten sollen. Also wurde uns dann immer Zeit eingeräumt, das Buch zu füllen und von unserer Woche in der Runde zu berichten.

Dann wurde immer irgendeine Aktion gemacht (Lieder in Verbindung mit Greifspielzeug beispielsweise, Sensorikspiele oder Hand und Fußabdrücke aus Salzteig etc.).

Dann wurde meistens gewickelt, gefüttert und die Kinder wieder angezogen. Ich habe mit Wickeln und Anziehen immer fünf Minuten vorher gestartet, denn ich musste ja immer zwei fertig machen. Wobei der Ablauf mit Wickeln und Füttern sich so ergeben hat. Wir hatten natürlich zu jeder Zeit die Möglichkeit, das zu tun. Jeder hat ja auch einen anderen Rhythmus.

Ich hatte bereits im Vorwege geklärt, ob die Kursleitung mir mit den Zwillingen hilft, das war überhaupt kein Problem. Da jedes Lied immer zweimal gesungen wird, konnte ich erst mit dem einen und dann mit dem anderen singen. Das war

Lennart (links) und Erik betasten sehr interessiert einen Spiegel. Delfikurse begleiten Eltern und Babys im ersten Lebensjahr.

natürlich prima, denn keiner kam zu kurz.

Die erste Zeit waren natürlich viele Streichellieder dabei und Sachen mit unterschiedlichen Strukturen zum Greifen. Das soll die Sinne anregen und die Motorik fördern und tatsächlich haben unsere Jungs das sehr genossen und fanden das total interessant.

Wir haben auch aus Salzteig Hand und Fußabdrücke unserer Kinder gemacht. Unsere Kursleitung hat ab und zu mal Fotos in unsere Hefte geklebt, als die Kinder älter waren, wurden die ersten Bilder selbst gekleckst und auch ins Heft geklebt, zu Weihnachten und Ostern haben wir die Stunde besonders gestaltet, mit Keksen und Tee.

Ich habe den Kurs gemacht, bis die Kinder zehn Monate alt waren. Danach war für viele das erste Lebensjahr schon um und der Kurs hat sich aufgelöst. Das war auch gut so, denn der letzte Block wurde für die Kinder immer uninteressanter, weil sie lieber selbst erkunden und spielen wollten.

Wir sind tatsächlich im ersten Jahr fast komplett zusammen geblieben. Im zweiten Block habe ich eine ganz liebe Mama kennen gelernt und heute sind wir eng befreundet. Das passte einfach mit uns und unseren Kindern und tatsächlich auch mit unseren Männern.

Babyfitness

Der Babyfitness-Kurs hat sich zufällig ergeben. Delfi war fast vorbei und die Trainerin von unserem Rückbildungskurs hat auch den Babyfitness-Kurs geleitet. Wir waren in der Rückbildung erst zu dritt (meine Zimmernachbarin aus dem Krankenhaus und noch eine dritte Mama und ich) später waren wir zu viert. Der Kurs war mit Kindbegleitung.

Wir haben unsere vier bzw. fünf Kinder

immer nebeneinander aufgereiht auf Matten mit Decken gelegt und dann in Ruhe geturnt. Meine Zimmernachbarin fragte nach Babyfitness und die Kursleitung sagte, dass man das ab acht Monate machen kann, wenn die Kinder krabbeln oder kurz davor sind und dass der neue Kurs ab Juni startet. Da waren unsere Kinder dann etwas über neun Monate alt. Wir haben uns zu dritt für den Kurs angemeldet, weil es zwischen uns einfach passte. Und da Delfi auslief, war das auch nicht zu viel für die Kids.

Der Babyfitness-Kurs war toll. Wir haben insgesamt drei Kurse à zehn Stunden gemacht. Erst mit unserer Trainerin von der Rückbildung und als die in Mutterschutz ging, haben wir mit Bettina, einer anderen lieben Trainerin die nächsten beiden Kurse weitergemacht.

Da waren nur liebe Mamas. Wir waren alle komplett auf einer Wellenlänge. Sodass wir alle sieben Mamas (und ein Papa) komplett geschlossen zum Kinderturnen mit derselben Trainerin gewechselt sind, als unsere Zwerge im Laufalter waren.

Nun aber erstmal zum Babyfitness. Der Kurs war wie folgt aufgebaut: Begrüssungslied und ein bis zwei weitere Lieder und dann freies Spielen mit Krabbelparcours und Bällebad, Bauklötzen und mal Musikinstrumenten. Wir Eltern haben die Kinder natürlich animiert und angeleitet. So hatten die Mäuse Gelegenheit, ihren Körper kennen zu lernen und auch Sicherheit im Bewegen zu erlangen. Am Ende gab es ein Abschiedslied. Wie gesagt, ein toller Kurs, bei beiden Trainerinnen.

Unsere Jungs haben das immer sehr genossen, die Abwechslung und die Bewegung, denn sie haben bis heute einen riesigen Bewegungs- und Entdeckungsdrang.

Babymusikgarten & Babyschwimmen

Im zweiten Lebensjahr haben wir ein bisschen mehr experimentiert. Da unsere Jungs Musik toll finden, haben wir Babymusikgarten ausprobiert. Das hat uns gar nicht gefallen, aber viele Eltern waren begeistert. Die Kursleiterin war sehr speziell und hat den Kurs überhaupt nicht schön aufgebaut. Daher haben wir nach einem Kurs aufgehört.

Dann waren wir beim Babyschwimmen. Da war auch mein Mann dabei. Das hat uns gut gefallen. Aber mit Anderthalbjährigen empfanden wir das als sehr anstrengend. Unsere Kinder lieben Wasser und haben den Kurs genossen. Wir hätten gerne weiter gemacht, aber auf Grund des Andrangs musste man sich immer wieder auf die Warteliste setzen lassen und dann haben wir keinen Platz bekommen. Zudem waren die Jungs oft krank.

Kinderturnen

Das komplette zweite Lebensjahr hindurch haben wir Kinderturnen gemacht. Wir acht Eltern sind in einen bereits bestehenden Kurs gekommen, mit älteren Kindern. Der Kurs war somit vom Alter her gut durchmischt. Von anderthalb bis fast drei Jahren.

Das war zumindest in unserem Kurs kein Problem. Die Größeren nahmen Rücksicht auf die Kleinen und die Kleinen lernen zu warten, bis ein Gerät frei ist und konnten sich viel von den Größeren abschauen.

Unser Kurs war sehr familiär. Großeltern und Onkels und Tanten waren auch immer gern gesehen. Seit unsere Jungs im Laufalter waren, habe ich mir immer mindestens ein Großelternteil mitgenommen. Das war leichter zu händeln.

Aber da wir uns im Kurs alle gegenseitig unterstützt haben und jede Mama auch mal ein Kind festgehalten und betreut hat, das nicht das eigene war, hätte das auch alleine mit den Zwillingen funktioniert. Und Bettina, die Trainerin, ist einfach ein Schatz.

Im dritten Lebensjahr mit meinem Jobwiedereinstieg und dem KiTa-Start wurde das den Kindern und mir zu viel.

Da habe ich nämlich auch ab dem ersten Lebensjahr drauf geachtet, dass die Jungs Spaß haben und die Kurse genießen können. Wenn ein Tag mal nicht gut lief, einfach stressig war oder das Gefühl nicht stimmte, sind wir auch nicht

losgefahren. Mir war wichtig, dass die Kinder sich nicht überfordert fühlen.

Ich hatte also immer zwei Termine die Woche. Eine Krabbelgruppe bei uns zu Hause und einen der Kurse. Alles andere hätte ich persönlich viel zu viel gefunden. (Svenja F.)

Erik (oben) und Zwillingsbruder Lennart machen bei der Babyfitness mit.

Immer lustig drauf - Leonie und Leon mit einem eigenen Weihnachtsbaum im Kinderzimmer ... (linkes Foto)

Paula und Juli (rechtes Foto) in Weihnachtsstimmung.

Lisa (links) und Louis - zwei kleine Weihnachtsmänner aus Holland.

Links - ein ganzer Chor: Zwillingsmädchen mit großer Schwester ... und auch die Mama ist ein Zwilling.

Maximilian und Magdalena aus Salzburg machen einen Ausflug auf den Weihnachtsmarkt ...

Fröhliche Weihnachten

Neue Fotos gesucht ... wir nehmen immer noch gerne Fotos ... schickt sie an info@twins.de

... und da schließen wir uns an und wünschen Euch ebenfalls schöne Weihnachten & einen guten Rutsch! Die Redaktion.

Wenn Zwillinge spielen ... hat's ein anderes Kind nicht immer leicht

Können Zwillinge nicht spielen? Zwillingsmutter Gabriele S. beobachtet, dass ihre eineiigen Zwillinge andere Kinder nicht ins Spiel miteinbeziehen. Aber auch zusammen klappt das Spielen oft nicht. Einzige Ausnahme: Draußen.

Es ist Samstag Abend und meine Zwillinge (Devon und Dennis, fünf Jahre alt) sind glücklicherweise schon im Bett. Mir liegt ein Thema auf dem Herzen, das erst heute Nachmittag wieder ganz präsent war. Meine Frage: Können Zwillinge nicht spielen?

Wir waren eingeladen bei einem anderen Kind aus Dennis Kindergartengruppe. Da das Wetter relativ gut war, spielten die Kinder im Garten. Soweit so gut. Es wurde sich um Sören, den kleinen Gastgeber so gut wie nicht gekümmert ... man hatte ja den eingespielten „Streitpartner" für das vorhandene Spielzeug. Und die Schaukel wurde hin und hergeschubst und schließlich hochgehängt, damit sich nicht noch einer weh tut.

Statt miteinander zu spielen, wollten sie dauernd etwas essen ...

Dann verlegte sich die „Spielgemeinschaft", die nicht zusammen spielte, ins Kinderzimmer. Von dort aus kam man alle naselang raus ins Wohnzimmer, wo wir beiden Mütter bei einer Tasse Kaffee saßen, um zu petzen, was der oder der schon wieder gemacht hatte. Dann hatten beide „ach so großen Hunger" ...,

obwohl wir doch eben erst zu Hause zu Mittag gegessen hatten

Ich hatte jedenfalls das Gefühl, der Nachmittag würde nie enden ... und ich saß wie auf Kohlen, wann sich unsere beiden völlig in der Wolle haben würden oder das Gastgeberkind auch noch involviert wäre.

Auch die Zwillinge streiten mehr, als dass sie zusammen spielen.

Eigentlich können Dennis und Devon auch schön miteinander spielen, aber eben immer nur eine ganz kurze Zeit. Dann wird gestritten und geschrieen und das nicht zu knapp.

Vor einiger Zeit habe ich sogar das Kinderzimmer bis auf wenige Spielsachen leergeräumt, weil eigentlich nicht mehr gespielt wurde, sondern nur noch ausgekippt, gebaut und zerstört und nicht mehr aufgeräumt wurde.

Inzwischen habe ich mich erweichen lassen und die Kisten mit den Spielsachen stehen wieder im Kindernzimmer. Also haben sich die beiden wohl etwas gebessert, denn die Zeit ohne Spielzeug war dann halt doch recht langweilig. Viel Zeit zum Spielen hatten sie sowie-

so nicht, denn seit August besuchen sie einen Sprachheilkindergarten, in dem sie fünf Tage die Woche bis zum 15.30 Uhr sind.

Nur im Sandkasten klappt's mit dem gemeinsamen Sielen.

Wo die beiden sehr gut spielen und das auch ausdauernd, ist auf dem Spielplatz. Wir wohnen direkt neben einer sehr schönen Gartenanlage mit einem sehr schönen „Matschspielplatz". Dort spielen Dennis und Devon stundenlang, ohne Hunger, ohne Streit, nur mit Schaufel, Förmchen, Wasser, Sand und zwischendurch mal was zu trinken.

Ich habe dort schon ganze Romane lesen können, wenn ich dabei saß oder Kaffeeklatsch halten können mit Freundinnen - dann sind die beiden so auch in gemeinsames Spiel vertieft, das alles andere keine Bedeutung hat.

Leider ist das Wetter nicht immer so toll wie in diesem Sommer. Und wenn die beiden nicht raus können, dann wird das Streiten und Zanken wieder noch schlimmer.

Wenn andere Kinder zum Spielen da sind, dann ist es meistens so, dass unsere beiden zusammen spielen und das eingeladene Kind ganz für sich spielt. Nur, wenn es ums Toben geht, wird es ins Spiel miteinbezogen.

Eine große Ausnahme ist mein Neffe Julian. Der ist jetzt sechs Jahre alt und dieses Jahr in die Schule gekommen. Wenn er da ist, dann klappt das Zusammenspiel aller Kinder. Julian hat sich beim Spielen meist durchgesetzt, teilweise wusste aber auch er nichts mit den Zwillingen anzufangen, denn die beiden verständigten sich in ihrer „Zwillingssprache". Nun besuchen sie ja den speziellen Kindergarten und die Zwillingssprache benutzen sie kaum noch.

Ob sich das Spielverhalten noch ändert? Ich hoffe es. (Gabriele S.)

Zwillinge - Gärtner statt Gemüsemuffel

Als mir die E-mail von „Heimgart" ins MacBook „flatterte", dachte ich: Das ist ja mal eine super Idee. Selbstgezogenes Gemüse von der Fensterbank. Natürlich nur „Mikro-Gemüse", also mehr Keimlinge als echtes Gemüse. Das könnte doch auch was für Zwillinge sein, die Gemüsemuffel sind? Ich habe es ausprobiert und anschließend wird das Heimgart-Set verlost.

Gemüse steht bei Kindern nicht gerade hoch im Kurs. Eine Möglichkeit, ihnen das gesunde Grün schmackhaft zu machen, ist ein Food Trend, der immer größer wird: Microgreens. Microgreens sind uns bekannte Gemüsesorten, nur ganz jung geerntet. Gegessen werden die zarten Keimpflanzen von Brokkoli, Radieschen, Rotkohl & Co..

Das Spannende für Kids: Sie können dem Mikro-Gemüse auf der eigenen Fensterbank beim Wachsen zusehen und es selbst ernten. Dadurch wird ihr Bezug zu gesunden Lebensmitteln verbessert und Lust auf das frische Grün gemacht.

Weiterhin enthalten Microgreens im Vergleich zu ihren ausgewachsenen Pendants eine wesentlich höhere Vitamin- und Mineralstoffdichte. Praktisch, denn so reicht schon eine geringe Menge Microgreens auf dem Pausenbrot aus, um die Kleinen mit einer großen Portion Nährstoffe zu versorgen. Damit das Anpflanzen der Microgreens zum Kinderspiel wird, gibt es Heimgart - www.heimgart.com. Der Mini-Garten für Zuhause funktioniert ganz ohne Erde, Giessen und ohne grünen (Kinder-)Daumen. Ich habe es ausprobiert und muss sagen: stimmt. Ich habe mich nicht um meinen kleinen Garten auf der Fensterbank gekümmert ... und schwupps waren da kleine grüne Pflänzchen.

Was macht man mit den kleinen Pflänzchen der Sorten Gartenkresse, Rauke, Brokkoli, Radieschen, Rotkohl und Senf ...? Das, was man immer schon mit solchen Mini-Pflanzen gemacht hat - man würzt und garniert damit Salate, Fleisch-, Fisch und Gemüsegerichte und auch das leckere Pausenbrot.

Das Heimgart-Set für den kleinen Garten auf der eigenen Fensterbank (innen) besteht aus einer schlichten, weißen Porzellanschale, in die ein Edelstahleinsatz eingesetzt wird, nachdem man in die Schale etwas Wasser (bis zum Eichstrich) gegeben hat. Auf den Metalleinsatz legt man jeweils zwei vorbereitete Pflanzpads mit den entsprechenden Samen für die vorgenannten Gemüsesorten.

Erst müssen die Keimlinge abgedeckt werden (dafür ist in jedem Samenpäckchen eine Abdeckung aus Pappe enthalten), denn im Dunkeln geht's los ... und wie ...

Mein Mann sagt nach drei Tagen: „Hast Du gesehen, da kommt schon was raus ..." Ich hatte meinen Mini-Garten fast vergessen ... und tatsächlich, es braucht keinen „grünen Daumen", um aus den kleinen Samen frisches Grün wachsen zu lassen.

Die Heimgart Microgreens gibt es zunächst in sechs Sorten auf

www.heimgart.com

Was sind Microgreens?

Microgreens gibt es als Gemüse und Kräuter. Im Unterschied zur ausgewachsenen Pflanze werden sie ganz jung als Keimpflanzen geerntet und schmecken dadurch besonders frisch, zart und intensiv.

Warum sind Microgreens so gesund?

Die Konzentration an Vitaminen, Mineralstoffen und sekundären Pflanzenstoffen ist um ein Vielfaches höher als bei ausgewachsenem Gemüse. Auch in Sachen Frische sind Microgreens dem klassischen Gemüse weit überlegen - und das auch in den Wintermonaten. Sie kommen direkt nach der Ernte auf den Teller.

So geht die Anzucht zu Hause

Das Starterkit besteht aus einer Porzellanschale von Seltmann Weiden, einem Edelstahleinsatz und zwei bio-zertifizierten Saatpads.

Wie zieht man die Heimgart-Microgreens?

1. Wasser bis zum Eichstrich in die Porzellanschale füllen.
2. Beide Saatpads auf das Edelstahlblech legen und mit dem Docht nach unten in die Schale tauchen.
3. Mit den Anzuchtabdeckungen abdunkeln und abwarten. Die heranwachsenden Microgreens schieben sie nach wenigen Tagen zur Seite und die Abdeckungen können danach vollständig entfernt werden.

Das ist mal eine richtig gesunde Brotzeit für Zwillinge. Wir verlosen das Set.

Im Dunkeln fängt es an...

Schwupps ... reichliche Ernte!

Wann können die ersten Pflanzen geerntet werden?

Die ersten Pflanzen können nach ein paar Tagen geerntet werden, wenn sie saftig grün und etwa einen Daumen lang sind. (MvG)

Plätzchen backen ...
Megaspaß für Zwillinge

Das Plätzchenbacken vor Weihnachten ist wahrscheinlich die allerliebste Küchenarbeit für Kinder ... und für Zwillinge natürlich auch. Am einfachsten lassen sich Weihnachskekse aus Mürbeteig backen. Hier ein paar Tipps dazu.

Das Plätzchenbacken vor Weihnachten ist aus vierlei Gründen bei Zwillingen beliebt: Es ist einfach, der Phantasie zum Verzieren sind keine Grenzen gesetzt, sie können die selbstgebackenen Plätzchen stolz präsentieren und natürlich können die Leckereien auch gegessen werden ... und schmecken. Die kleinen Bäcker gewinnen aus dieser Tätigkeit Selbstbewusstsein und lernen auch Verantwortung zu übernehmen, mal ganz abgesehen davon, dass das Plätzchenbakken auch mit manuellen Fertigkeiten einhergeht, die erlernt werden können.

Natürlich müssen ein paar Regeln beim Plätzchenbacken beherzigt werden. Denn wo Küchengeräte und ein heißer Ofen im Spiel sind, muss auch ein wenig auf Sicherheit geachtet werden. Dafür ein paar Tipps:

Zutat Zeit: Zum weihnachtlichen Plätzchenbacken muss man sich Zeit nehmen. Also am besten einen kompletten Nachmittag einplanen.

Welches Rezept eignet sich? Am allerbesten sind die einfachen Mürbeteigplätzchen. Da kann nicht viel schief gehen und das Verzieren nach dem Backen macht auch noch mal richtig Spaß.

Selbstständigkeit fördern: Beim Plätzchenbacken möchten die Zwillinge natürlich viel selbst machen. Und dann soll man sie

Paula (links) und Juli stechen einträchtig nebeneinander Plätzchen aus.

lassen ... Sie können ja eingreifen, wenn etwas nicht gut klappt oder die Kinder anleiten.

Aufgabenverteilung unter Zwillingen: In dem Zusammenhang ist wichtig, dass die Aufgaben gerecht verteilt werden. Bei kleineren Zwillingen bereiten Sie den Teig am besten schon selbst vor. Da Mürbeteig auch eine Zeitlang kühl gestellt werden soll, passt das ganz gut, wenn die Kinder erst zum Ausstechen dazu kommen.

Sicherheit in der Küche: Auch beim Plätzchenbacken ist Sicherheit oberste Priorität. Also niemals die Zwillinge allein mit den Geräten hantieren lassen. Und den heißen Ofen bedient nur die Mama!

Ausstattung: Es versteht sich von selbst, dass genügend Ausstechformen und für jeden Zwilling eine Arbeitsfläche nebst Teigrolle vorhanden sind. Dann gibt es keinen Streit in der Küche.

Dekoration mit viel Phantasie: Mürbeteigplätzchen kann man ganz einfach mit Zuckerguss (Puderzucker mit etwas Zitrone anrühren, eventuell mit Lebensmittelfarbe einfärben) verzieren. Im noch feuchten Zuckerguss halten dann alle Verzierungen (Perlen, Streusel etc.) gut.
Wer richtig gut schmeckende Kunstwerke herstellen will, stellt Terrassenplätzchen her. Dazu immer zwei Plätzchen gleicher Form mit Marmelade (zum Beispiel Johannisbeergelee) miteinander verkleben, Zuckerguss drauf und in den noch flüssigen Guss eine halbe Walnuss kleben.

Lob und Anerkennung: Auch, wenn nicht alle Plätzchen formvollendet geraten sind, schmecken werden sie auf jeden Fall. Und die schönstern packen die Zwillinge als kleine Geschenke für Oma und Opa ein. Kleine Zellophantütchen besorgen, Plätz-

chen rein, mit Geschenkband zubinden - fertig. Und natürlich müssen die kleinen Bäcker und Bäckerinnen gelobt werden.

Aufräumen und abwaschen: Natürlich muss nach dem Backen die Küche aufgeräumt werden. Auch da sollten die Zwillinge beteiligt sein.

Weihnachtsstimmung: Die Stimmung im Advent ist natürlich das Wichtigste. Deshalb macht es einfach Spaß, mit den Kindern vor Weihnachten zu backen. Gutes Gelingen!

Mürbeteig-Rezept

- 300 Gramm Mehl
- 200 Gramm kalte Butter (oder Margarine)
- 100 Gramm Puderzucker
- 1 Ei, mittelgroß
- etwas Aroma (zum Beispiel Piment, Rum oder Vanillemark)
- Zum Verzieren: Zuckerguss mit bunten Perlen oder Streuseln, eventuell Lebensmittelfarbe, Nüsse, Schokolade.

Mehl auf die Arbeitsfläche geben und in die Mitte eine Mulde drücken. In die Mulde den Puderzucker, das Ei und das Aroma geben. Die kalte Butter in kleinen Stücken auf dem Mehl verteilen, dann alles rasch zu einem glatten Teig verkneten. Anschließend den Teig in Folie gewickelt für circa 30 Minuten in den Kühlschrank legen.
Den Backofen auf 180°C vorheizen. Den Teig dünn ausrollen und beliebige Formen ausstechen. Die Plätzchen auf mit Backpapier ausgelegten Backblechen jeweils circa 10 Minuten backen. Der Teig ergibt circa drei Bleche.
Quelle: www.chefkoch.de

Ich muss noch ein Selfie machen ...

Astrid und Janna, die eineiigen Zwillinge unserer Salzburger Autorin Sigrun Eder haben die ersten Schultage gemeistert. Sie sind in eine Schule n ihrem Viertel gekommen, in der sie noch kein Kind kannten. Aber schon jetzt gibt es erste Freundschaften. Sigrun Eder berichtet.

Es ist soweit! Meine Töchter sind Schülerinnen. Sie haben wohl den kürzesten Schulweg von allen Erstklässlern und sind ihn noch nicht alleine gegangen. Sie besuchen die 1 a und haben bereits Kontakte zu ihren Mitschülerinnen geknüpft. Sie mögen ihre junge Lehrerin sehr, das Mittagessen in der GTS weniger sowie die Aussicht, erst zu Weihnachten richtig lange Ferien zu haben. Doch mir fällt ein Stein vom Herzen, dass bisher alles im Großen und Ganzen gut geklappt hat. Schließlich gab es vor dem Schulstart viele Tränen, viele Sorgen und unglaublich viele Fragezeichen.

Denn Astrid und Janna haben durch ihren Besuch im Kindergarten meines Arbeitsgebers eben dort ihre Freundschaftsbande geknüpft und kannten keine Kinder aus ihrem Viertel. Ich selbst war bis zum letzten Moment unsicher, ob sie tatsächlich - wie gewünscht - in eine Klasse kommen würden und dort auch nebeneinander sitzen können. Wenn nicht, wäre das der Super-Gau gewesen. Für uns alle!

Doch alles von Anfang an: Gut erholt starteten sie am 10. September in ihren ersten Schultag um 8 Uhr. Davor machten wir noch Fotos. Astrid grinste, wie ein „Hamsti", so würde es Janna sagen. Sie selbst hatte keine Lust auf ein Foto und erst auf mein Drängen hin, erlaubte sie, eins zu machen, zeigte jedoch ihren desinteressierten Blick. In der Klasse nahmen beide in der Türreihe in der ersten Bank Platz. Die Lehrerin begrüßte Kinder und Eltern. Der in den Ferien ausgemalte Steckbrief sollte vor der Klasse präsentiert werden. Astrid meldete sich als eine der ersten und Janna zog dann wohl oder übel nach. Die beiden haben das sehr gut gemacht. Dann wurden die Eltern aus der Klasse verabschiedet.

Nach etwa 45 Minuten gab es im Foyer im Erdgeschoß eine Begrüßungsfeier. Die Direktorin begrüßte alle herzlich und alle Kinder sangen das vom Klavier begleitete Schullied. Ich bekam Gänsehaut, einen Kloß im Hals und feuchte Augen. Astrid und Janna sah ich kaum, ich hatte nur das Gefühl, dass sie sich in diesem Trubel künftig gut behaupten müssen.

Am Ende des ersten Schultages gingen wir ins Café, die beiden durften ihre nicht selbstgetragene Schultüte auspacken, die mit neuer Kleidung von Oma, einem Block, Sticker und für Astrid mit einer Fee und für Janna mit einer Meerjungfrau befüllt war. Die Schultüten (Schleich/Bayala - die Welt der Meerjungfrauen und die Welt der Elfen, Feen und Einhörner) hatten sie sich schon wochenlang vorher in einem Prospekt bei Papa ausgesucht.

Am zweiten Tag startete der Unterricht um 7.45 und endete um 10.55 Uhr. Die beiden wollten jeden Tag in die Klasse begleitet werden. Der Elternabend am zweiten Tag dauerte fast drei Stunden und ich ging als

Lust auf Schule? JA. Lust auf Fotos? NEIN!
Janna (links) und Astrid machen lieber Selfies.

neues Mitglied des Schulforums nach Hause.

Zum Glück hatte ich mir die erste Woche frei genommen, da es jede Menge zu organisieren gab. Und kaum hatte ich mich auf den Stundenplan eingerichtet, kam ein neuer und der Stress begann von vorne. Mittlerweile hat sich alles recht gut eingespielt. Montag und Dienstag bleiben sie bis 16 Uhr in der GTS, darüber jammern sie recht, obwohl ich sie bislang immer in guter Stimmung abgeholt habe. Donnerstag und Freitag haben sie fünf Stunden Unterricht, das ist gut für mich. Die beiden sind nur recht müde und näher am Wasser gebaut. Trotzdem ist es ihnen ein Anliegen, die Hausübungen sofort zu erledigen. Ich muss mich da ziemlich zurückhalten, da sie hier die Kästchen und die Malen-nach-Zahlen-Bilder nicht ganz so begeistert und sorgfältig ausmalen, wie sonst die Bilder in ihren Malbüchern, und auch die Buchstaben und Zahlen die ihnen zugewiesene

So lieb können die beiden (hier ist Astrid links) schauen, wenn sie sich selbst fotografieren. Die ersten Schultage sind vorbei und alles ist gut gelaufen. Astrid und Janna (hier rechts) sind in einer gemeinsamen Klasse.

Zeile verlassen. Für die bessere Stifthaltung habe ich ihnen „Bleistifthalter" gekauft. Da haben sich die beiden extrem beschwert, da niemand außer ihnen diese verwenden würde. Offensichtlich war ich die einzige, welche den Tipp der Lehrerin gehört oder ernstgenommen hat.

Seit Ende der vierten Woche gehen beide alleine von der Garderobe in die Klasse. Morgens lautet die meistgestellte Frage: „Mama, hat es schon geläutet?". Sie befürchten, zu spät zu kommen und manchmal müssen wir auch flott gehen, wenn Meinungsverschiedenheiten oder Trödeleien etwas länger ausfielen. Um 7.45 läutet nämlich die erste Glocke und da sollten alle Kinder schon die Schule betreten haben und sich gemütlich auf den Unterricht um 8 Uhr einstimmen.

Ich finde es entzückend, wie schnell sie sich mit zwei Mädchen angefreundet haben. An einem schlechten Tag hat eine ihrer neuen Freundinnen sie links und rechts an die Hand genommen und zu dritt sind sie in die Klasse gestartet. Am nächsten Tag hatte eine andere einen schlechten Tag und diesmal warteten Astrid und Janna auf sie, um gemeinsam raufzugehen. Ich war sehr stolz auf meine Mädchen. Ebenso, weil sie auch

gemerkt haben, wie sich Kinder verhalten, die sich vor dem Unterricht drücken wollen. Da meinten sie einmal: „Die x war gar nicht krank, die hat nur so getan. Sie wollte kein Englisch haben." Oder „Da sagen die Kinder, sie müssen aufs Klo und laufen dann in der Schule herum."

Durch die Einschulung haben Astrid und Janna einen Riesensprung gemacht.

Astrid und Janna haben einen Riesensprung gemacht, seit dem ersten Unterrichtstag. Sie wirken größer, älter, vor allem, wenn sie Spangerl, oder Pferdeschwanz tragen. Sie scheinen sich gut zurechtzufinden in ihrem neuen Leben. Sie schicken mich beim Spielen im Park weg mit den Worten: „Mama, kannst du jetzt wieder bitte gehen?" und wollen plötzlich Selfies machen: O-Ton-Astrid: „Janna machen wir ein Selfie?" Fünf Sekunden später - sie haben sich meinen Handy-Entsperrcode nämlich aufgeschrieben, den ich beim Sportschuhe für uns alle kaufen unbedacht verraten habe - sagt sie mir vor dem Abendritual: „Warte, ich muss noch ein Selfie machen", und verschwindet im Kinderzimmer. (Sigrun Eder)

Hokuspokus mit eineiigen Zwillingen

*Eigentlich könnten die eineiigen Zwillinge Jan und Mark Verwechslungsko-
mödien zum Besten geben. Sie zaubern lieber. Denn das haben sie sich
vom Vater Siegmar abgeschaut, dem ersten Zwillingsvater, der ein Buch
über seine Vaterfreuden schrieb. Ihr erster Auftritt hat gerade stattgefunden.*

Mark und Jan sind eineiige Zwillinge. Man sieht es nicht auf den
ersten Blick, denn seit Mark eine
Brille trägt, unterscheiden sich
die beiden inzwischen 18jäh-
rigen. „Und dann", sagt Vater
Siegmar Stücher: „Haben sie
halt einen unterschiedlichen Geschmack in Sachen Frisuren etc.,
so dass man sie heutzutage gut
unterscheiden kann."
Woher kennen wir Mark und
Jan und Papa Stücher? Ach ja,
Siegmar Stücher ist der erste
Zwillingsvater, der seine Erlebnisse und Erfahrungen zu Papier
brachte und das erste „Zwillings-
vaterbuch" schrieb ... mehr dazu auf Seite
55.

**Wer das Logo der Zauberbrüder richtig
deutet, sieht ganz genau, wie die beiden heißen - Jan & Mark ... wie sonst?**

Wie der Vater so die Söhne:
Zaubern als Hobby

Jetzt sind die inzwischen erwachsenen
Zwillinge Stücher auf die Idee gekommen,
mit ihrem Hobby, der Zauberei auf die Bühne zu gehen. Gemischt mit Comedy hatten
die beiden gerade ihren ersten Auftritt vor
großem Publikum. Sie begeisterten die Besucher der „Offenen Bühne Augustdorf" mit
ihrem ersten Programm für die Öffentlich-
keit.
Natürlich war da am Anfang ein bisschen

Lampenfieber. „Aufgeregt waren sie angeb-
lich vorher nicht," sagt Vater Siegmar, der
beim ersten öffentlichen Auftritt seiner Söhne mitfieberte, „aber im Auftritt konnte man
die Nervosität anfangs schon merken. Sie
haben so zehn Minuten gebraucht, bis sie
richtig ‚drin' waren." Aber nach den ersten
Gags und den ersten Tricks war das verflo-
gen und die Zwillingsbrüder verzauberten
ihr Publikum.
Vorbild und Ideengeber ist - wie könnte es
anders sein, der Papa. Denn Siegmar Stücher ist nicht nur Autor unseres Buches,
sondern zaubert in seiner Freizeit selbst gern
und veranstaltet sogar Zauber-Workshops,
auf denen er Leuten das Zaubern beibringt.

Siegmar Stücher hat aber auch einen seriösen Beruf - er verkauft Software in Unternehmen und „da moderiere ich auch viel". „Insbesondere Jan," sagt der stolze Vater, „hat sich viel bei mir abgeguckt in Sachen Zaubertricks und er hat auch immer einen Trick parat im privaten Umfeld."

Am Zauberprogramm mit Comedy bastelten die Stüchers zu dritt.

An dem halbstündigen Programm haben sie dann zu dritt gearbeitet, wobei Vater Siegmar die Tricks beigesteuert hat und so manche Idee.

„Mark ist dann immer für die Gags zuständig," erläutert Zwillingsvater Stücher die Arbeitsteilung bei den Zwillingssöhnen, „und Jan macht den größeren Zauberpart. Wobei Mark zwischendurch auch zaubert, aber eigentlich ist er mehr der ,Gagschreiber'".

Auch auf der Bühne hat Mark den lustigeren Part und Jan zaubert dafür mehr. Vater Stücher: „Ähnlich, wie bei Dick und Doof... Mark macht den Stan, Jan den Olli."

Wie kommt man auf die Idee mit Zauberei und Comedy aufzutreten? „Auf die Idee kamen wir, nachdem wir zweimal bei den Ehrlich-Brothers waren und beim zweiten Mal sogar hinter der Bühne beim Zauberduo in der Umkleidekabine und ein paar Minuten mit denen sprechen konnten," erzählt Buchautor Stücher. „Aber, wie das genau kam, ist ein bisschen langwieriger und würde hier den Rahmen sprengen ..."

Woher stammen die Zaubertricks?

Wie kommt man an die Zaubertricks ... das würde uns noch interessieren. Denn dass Zauberer ihre Tricks nicht verraten, ist klar. Zauberer Siegmar Stücher weiß das: „Zaubertricks muss man (meist) kaufen und danach erfährt man, wie das funktioniert. Wenn Sie also mal wissen wollen, wie man Leute schweben lässt, müssten Sie zum Beispiel nur den Trick hier kaufen ..."

https://www.stolina.de/bar-table-levitation-by-select-magic.html

Ach, da bleibe ich doch lieber auf dem Teppich. Das Schweben stelle ich mir etwas gefährlich vor ...

War das der erste Auftritt der Zwillinge vor Publikum, will ich noch wissen. „Ja, das war der erste öffentliche Auftritt mit einem komödiantischen Zauberprogramm," bestätigt Vater Siegmar Stücher, „beide haben schon in der Schule diverse Feiern moderiert, Jan zum Beispiel die Abi-Feier, Mark zum Beispiel Preisübergaben etc." Und sichtlich stolz fügt der Zwillingsvater hinzu: „Das haben sie natürlich von mir!" Vorher sind die beiden nur privat aufgetreten. Die Show auf der Offenen Bühne in Augustdorf war tatsächlich der erste Auftritt vor Unbekannten.

Las Vegas ruft? Oder werden erstmal kleinere Brötchen gebacken?

Ist das der Start einer großen Karriere? „Wir sagen nicht ,Nein' zu Las Vegas", erklären die Zwillinge.

Vater Siegmar ist da realistischer: „Weitere Auftritte sind angedacht, aber jetzt ist Jan erstmal drei Monate in Weißenfels. Dann kommt er nach Augustdorf - das ist 20 Kilometer von zu Hause entfernt, so dass dann wieder etwas machbar sein wird."

Jan ist derzeit für sieben Monate bei der Bundeswehr (als Sanitäter, im freiwilligen Wehrdienst). „Ich hab' ihn heute morgen nach Weißenfels bei Leipzig gebracht," erklärt Siegmar Stücher, „er hatte sein Abi schon dieses Frühjahr gemacht, weil er eine Empfehlung fürs Gymnasium hatte."

Zwillingsbruder Mark ist jetzt in der 12. Klasse und macht im kommenden Frühjahr dann sein Abitur. Unterschiedliche Schulkarrieren, wieso? „Er war ja vorher auf der

Mark mit Brille (hier links) und Jan sehen sich gar nicht mehr besonders ähnlich. Eine etwas andere Frisur und die Brille machen das aus. Ein kleines Verwechslungsspiel auf der Bühne hätte mir trotzdem gefallen ...

Realschule, weil die Grundschullehrerin ihm damals keine Empfehlung gegeben hatte und damals zählte das ja noch," sagt Vater Stücher, „so hat er erst die Realschule gemacht und ist dann nach der zehnten Klasse aufs Gymnasium gewechselt und musste am Gymnasium die zehnte Klasse nochmal machen."

Wir wünschen den jungen Zauberern jedenfalls alles Gute ... und wenn die Tricks ausgehen, können sie ja immer noch ein Verwechslungsspiel planen ... (MvG)

Aus dem Leben eines Zwillingsvaters

Siegmar Stücher war einer der ersten Zwillingsväter, die zur Feder griffen und aus ihrem turbulenten Alltag mit Zwillingen berichteten. Sein Buch wird im Handel und bei uns unter www.twins.de angeboten.

ISBN 978-3-927058-34-7, 19,90 Euro, auch im Buchhandel (online & Ladengeschäfte)

Umzug mit vier Kindern & einem Mann in Gips

Umzüge sind an sich schon ein Schreckenszenario. Aber ein Umzug mit vier Kindern und einem Mann, der nicht mithelfen kann, bedeuten hohe organisatorische Fähigkeiten. Diana R. hat's geschafft: Pura vida!

Hätte ich im Frühjahr geahnt, was noch alles auf uns zukommt, vielleicht hätte ich mir zweimal überlegt, unser kleines Paradies auf Costa Rica, wo wir die Frühlingsferien verbrachten, zu verlassen. Dabei hat gerade Costa Rica einiges in uns ausgelöst ... Aber dazu später mehr und jetzt mal ganz von vorne.

Seit bald acht Jahren besitzen wir ein kleines Ferienhaus in Laax, mitten in der Bündner Bergwelt, wo wir die meisten Wochenenden und einen großen Teil unserer Ferien verbringen. Laax hat unsere Prioritäten verschoben. Für eine Weile hatten wir mit dem Gedanken gespielt, definitiv in die Berge zu ziehen, dies aber aus arbeitstechnischen Gründen verworfen. Zu früh.

Aber uns war klar, dass wir eines Tages, wenn die Kinder auf eigenen Beinen stehen, hier leben wollen. Es ist das einfache Leben und die Nähe zur Natur, die Ruhe und Gelassenheit und die großartige Bergwelt, die uns anzieht. Das Haus in Laax war schon alt, als wir es gekauft hatten. Ein eigenes Haus nach unseren Vorstellungen an diesem wunderbaren Fleck Erde, davon träumen wir. Und im letzten Jahr packten wir diesen Traum an. Den richtigen Architekten kannten wir schon. Ein nachhaltiges Bauen mit lokalem, umwelt- und menschenschonendem Material ist uns wichtig. Es soll ein Holzhaus werden, 100 Quadratmeter Wohnfläche, einfach, naturnah, es soll sich an die umliegende Natur anpassen und nicht umgekehrt und unserem Lebensstil

entsprechen. Der Luxus soll nicht im Haus liegen, sondern den bietet die Umgebung.

Und so saßen wir im Frühjahr an diesem unendlich weiten, leeren Sandstrand an der Pazifikküste von Costa Rica und sprachen viel. Die Kinder waren surfen, bauten aus den Palmblättern Hütten oder jagten den Eidechsen nach. Eine unglaublich friedliche Zeit, pura vida, die viel Inspiration brachte. Die Pläne für das neue Haus in Laax waren fast fertig und wir sprachen über unser Lebensmodell. Drazen, mein Mann, wünschte sich mehr Unabhängigkeit und Freiheit und ich konnte dem nur zustimmen. Mehr Zeit, mehr Reisen, mehr Freiheit, mehr Lebensqualität. Aber das neue Haus kostet Geld, das wir zwar durch Erspartes, Hypotheken und private Darlehen aufbringen konnten, aber die Verschuldung und Abhängigkeit erhöhen würde. Und mit dem Blick in diese unendliche Weite sagte ich: „Lass' uns doch unsere Eigentumswohnung verkaufen und in eine Mietwohnung ziehen."

Kaum zurück aus Costa Rica durchsuchte ich die Suchmaschinen nach Wohnungen. Nicht, weil wir es eilig hatten, wir dachten an einen Umzug innerhalb eines Jahres, aber um eine Ahnung zu bekommen, wie die Mietpreise und die Angebote so sind. Inzwischen war es fast Ende Mai. Und da fand ich völlig per Zufall ein altes Haus zur Miete und zwar in der Ortschaft, wo wir vor vier Jahren weggezogen sind, weil wir damals nichts gefunden hatten. In einer Ortschaft, wo wir uns heute noch zu Hause fühlen und mit Wehmut daran zurückdenken. Wo die Verwandtschaft meines Mannes lebt, sowie meine besten Freunde. Vor diesem Hintergrund erschien unsere Idee nicht mehr so verrückt.

Wir gingen uns das Haus anschauen und verliebten uns auf Anhieb, alt und mit viel Charme. Einzugstermin 13. Juli, da blieben noch knapp fünf Wochen! Aus „pura vida" wurde plötzlich purer Stress.

In fünf Wochen umzuziehen, ist sehr sportlich. Auch wenn die Kinder, im Gegensatz zum Umzug vor vier Jahren, nun alle im Kindergarten und in der Schule sind. Neben dem Packen gab es auch organisatorisch viel zu tun. Schließlich sollte für die Zwillinge nach den Sommerferien die Schule losgehen und für Elia ebenfalls die Sekundarschule. Die Zuteilungen zu den verschiedenen Schulplätzen waren am Laufen und alle mussten schnellstmöglich informiert werden.

Organisieren ist allerdings eines meiner großen Talente. So machte ich mich an die Arbeit. Schon wenige Tage nachdem der Umzug sicher war, kam das Umzugsunternehmen und brachte die erforderlichen Kartons. Und dann fing ich an zu packen. Die Kartons stapelten sich und langsam realisierten wir, dass dies wirklich alles geschah. Wir informierten die Bank, welche den Verkauf der Eigentumswohnung übernahm und leiteten alles Erforderliche in die Wege. Freunde, Nachbarn, Bekannte und Verwandte wurden über unsere Pläne informiert. Meine Nächte wurden unruhiger, so vieles musste noch gemacht und durchdacht werden. Und die Zeit lief.

Und dann geschah der Supergau, das, womit niemand gerechnet hatte. Mein Mann hatte Ende Juni einen Motorradunfall. Nichts Schweres, ein einfacher Auffahrun-

Raus aus der Wohnung, rein ins Haus ... ohne Umzugsunternehmen ein Graus.

fall, das Motorrad bekam kaum etwas ab und es schien, er auch nicht. Die Hand tat ihm weh und am nächsten Tag ging er zum Arzt. Ein komplizierter Bruch in der Hand, Gips, ruhig halten nur so kann eine Operation vermieden werden. Der Keller war noch unberührt, die Regale nicht auseinandergeschraubt, das wäre sein Part gewesen, den er Anfang Juli anpacken wollte, wenn die Fussball-WM (er ist Kroate) in die ruhigere Phase tritt und nicht mehr jeden Tag gespielt wird. Unberührt, noch keine Schraube demontiert, mir drehte sich alles.

Totalausfall: Hand in Gips und keine Hilfe.

Da war nichts zu machen, 100 Prozent arbeitsunfähig und zu Hause und trotzdem keine Hilfe. Es war natürlich die rechte Hand, was sonst. Er konnte noch nicht mal den Kindern die Zähne putzen oder kochen. Es blieb alles an mir hängen. Unendlich dankbar, dass nicht mehr passiert war, aber zugleich auch wütend, dass es passiert war. Gerade jetzt. Ich arbeitete die verbleibenden zwei Wochen auf Hochtouren. Wenn die Kinder in der Schule waren, packte ich Kartons um Kartons, räumte den Keller aus, demontierte Regale und mistete gründlich aus, da unser neues zu Hause um einiges kleiner sein würde. Vieles verschenkte ich über Online-Plattformen und einiges verkaufte ich auch, am Schluss reichte eine Fahrt, um den Rest zu entsorgen.

Am Donnerstag, dem 12. Juli, war der letzte Schultag der Kinder. Die Zeit zuvor war überladen mit Sommerfesten, Grillabenden, Abschiedsanlässen an Kindergarten und Schulen und Sporttagen. Das genieße ich normalerweise, in diesem Jahr belasteten die Veranstaltungen zusätzlich belastete. Immerhin haben wir vier Kinder in vier verschiedenen Klassen.

Am Donnerstagnachmittag wurden dann die Kinder von Paten und Großeltern ab-

geholt und am nächsten Tag stand der Umzugswagen vor der Tür. Professionell und zügig ging alles vonstatten, um 13 Uhr war alles verladen und wir fuhren los zu unserem neuen Daheim, zehn Kilometer näher Richtung Zürich, dorthin, wo wir vor vier Jahren weggezogen waren. Zurück nach Hause, ich freute mich riesig!

Und dann steht man da in dem neuen Haus, voll mit Kartons und weiß, nicht wo anfangen. Schritt um Schritt, Karton um Karton, eines nach dem anderen. Ich nutzte die Zeit ohne Kinder und räumte ein, wollte es behaglich, wenn sie von ihrem Wochenende nach Hause kamen. Am Abend gingen wir jeweils auswärts essen und irgendwie war es auch schön, diese Zweisamkeit, die zu oft zu kurz kommt.

Den Kindern gefiel das Haus von Anfang an. Es strahlt auch sehr viel Charme und Wärme aus. Obwohl nicht groß, bietet es genug Platz und Rückzugsmöglichkeiten für alle. Und ich liebe unser Schlafzimmer im ausgebauten Dachstock mit Blick über den Zürichsee. So ein schönes Zimmer hatte ich noch nie und wenn ich im Bett liege sehe ich auf die Lichter der gegenüberliegenden Seeseite. Eine kleine Dachterrasse gehört auch dazu und macht es perfekt. Hier gehe ich so schnell nicht mehr weg, wir sind über Umwege und per Zufall endlich angekommen.

Kaum ausgeräumt, packte ich auch schon wieder für die Sommerferien. Die nächsten vier Wochen verbrachten wir in Kroatien und in unserem Haus in Laax. Bis Ende der Sommerferien musste auch dieses Haus geräumt werden, ich hatte noch keine Ahnung wie ich das machen sollte. Nicht nur, dass mein Mann immer noch den Arm im Gips hatte, sondern auch, weil ich diesmal die Kinder nicht einfach abgeben konnte. Ich war unendlich müde und ausgelaugt, da halfen auch die Tage am Meer wenig, meine Gedanken kamen nicht zur Ruhe.

Und dann entschied ich mich nochmals,

Rechts: Erst muss das alte Ferienhaus abgerissen werden ...

Unten: In Laax fällt alle Last des Alltags ab.

Geld in die Hand zu nehmen und das Umzugsunternehmen auch für den Umzug in Laax zu engagieren. Alleine würde ich das nicht packen. Gesagt getan, die gleiche Mannschaft wie beim Umzug zuvor stand Ende August bereit für den Umzug. Die Wochen in Laax hatte ich Kartons gefüllt und organisiert, wann immer sich eine Gelegenheit bot. Hier war der Vorteil, dass ich alles, was wir nicht mehr brauchten, im Haus belassen konnte, da es vor dem Abriss ausgeräumt wird und wir das nicht selbst machen müssen. Also kein Entsorgen.

Trotzdem war es ganz schön viel Arbeit, zumal ich mit den Kindern alleine war, während mein Mann wieder arbeiten ging und nur für das Wochenende nach Laax kam. Es war ein wunderschöner Sommer und ich genoss das Baden an den Bergseen und die Wanderungen mit den Kindern trotz der vielen Arbeit sehr. Der Gedanke, dass wir bald für ein Jahr auf unser Haus in den Bergen verzichten mussten, fiel mir unendlich schwer. Zumindest für den Winter haben wir jedoch eine Ferienwohnung in Laax gemietet, denn wir sind alle begeisterte Skifahrer und Snowboarder und die Kinder fahren im lokalen Skiclub mit, wo ich auch als Skileiter mithelfe. Ein Winter ohne Berge, das ist unmöglich.

Ende Sommerferien kam das „Zügelteam", wie es bei uns in der Schweiz heißt, und nahm alles mit, was wir bis zur Fertigstellung des Hauses im Depot einstellen würden. Als dies alles durch war fiel mir ein großer Stein vom Herzen. Geschafft! Endlich loslassen und wieder in den Alltag finden, ich sehnte mich regelrecht danach ...

Die Zwillinge David und Moses sind nun in der Schule, Davor ist ein stolzer Zweitklässler und Elia gefällt es gut in der Sekundarschule. Wenn ich an die vergangenen Monate zurückdenke, dann kann ich kaum glauben, was wir alles geschafft haben. Hätte ich damals am Strand in Costa Rica eine Ahnung davon gehabt ... (Diana R.)

PS. Unser neues Haus in Laax wird „Casa Pura Vida" heißen ..

Internet: Nützliche Familienseiten

Das Internet ist aus keinem Haushalt mehr wegzudenken. Hier findet sich nützliche Information. Aber man kann auch viel Zeit damit verplempern. Wir haben einige Seiten gefunden, die Nutzen bringen.

Wer hat schon Zeit, stundenlang im Internet nach nützliche Tipps zu surfen? Hier eine Auswahl von Internetseiten, auf denen sich Familien schnell informieren können.

Zum Thema: Finanzen & Sparen

Die Finanzen im Blick zu behalten, ist für junge Familien besonders wichtig. Denn gerade das Haushaltsgeld mit den täglichen Ausgaben für den Nachwuchs kann den Geldbeutel ganz schön schmälern. Mit dem kostenlosen Online-Haushaltsbuch der Sparkassen-Finanzgruppe lassen sich bequem Einnahmen und Ausgaben erfassen und nach eigenen Kategorien und Stichwörtern ordnen. Anhand dessen kann man nach wenigen Monaten genau erkennen, wofür das meiste Geld ausgegeben wurde und wo noch Sparpotential schlummert. Der Web-Budgetplaner kann anonymisiert und gebührenfrei genutzt werden, womit auch für Datensicherheit gesorgt ist.

Günstig Shoppen

Die Zwillinge in jeder Winter- und Sommersaison immer wieder neu einzukleiden, das geht ins Geld. Deshalb sind Eltern auf der Suche nach günstigen und umweltfreundlichen Wegen, die Kleidung für den Nachwuchs nicht immer neu kaufen zu müssen. Dafür gibt es jetzt ein neues Online-Second-Hand-Shop namens ubup.

Dort können Eltern für ihren Nachwuchs aber auch für sich selbst aus 600.000 Artikeln wählen und täglich neue Einzelstücke entdecken. Die Preisersparnis im Vergleich zum Neupreis liegt bei bis zu 90 Prozent. So schont man nicht nur den Geldbeutel sondern auch die Umwelt. **www.ubup.com**

Spielzeug leihen statt kaufen

Nicht nur aus der Kleidung wachsen Kinder schneller heraus als man gucken kann. Genauso schnell verlieren sie auch das Interesse an neuen und meist teuer angeschafften Kinderspielzeugen. „Meine Spielzeugkiste" ist ein Startup, das für dieses Problem die perfekte Lösung hat. Die Idee: Spielzeuge leihen statt sie zu kaufen. In einer monatlichen Abokiste gibt es eine Auswahl von 500 Markenspielzeugen für Kinder zwischen 0 und 12 Jahren, die ganz einfach ausgetauscht oder zurückgeschickt werden können. **www.meinespielzeugkiste.de**

Fernreisen für Familien

Auch, wenn die Sommerreisezeit jetzt erstmal vorbei ist, für das nächste große Fernweh im Winter ist das österreichische Reiseportal TRAVELKID zuständig. Patrice Kragten ist selbst Reisende seit 30 Jahren und organisiert individuelle Fernreisen für Familien mit Kindern. Heutzutage ist sie gemeinsam mit ihrer Tochter Romy in der ganzen Welt unterwegs. TRAVELKID ist der erste Reiseveranstalter im deutschsprachigen Raum, der sich auf Fernreisen für die Anforderungen von Familien spezialisiert hat. **www.travelkid.at**

Jede Menge Inspiration für das Basteln mit Zwillingen

Im Bastelshop labbe.de finden sich tolle Inspirationen, um es sich im Herbst mit den Kindern auch mal wieder zu Hause gemütlich zu machen. Kinder können stundenlang basteln, wenn sie darin gefördert werden. Bei **www.labbe.de** gibt es jede Menge kreativer Anstöße für alle Altersstufen. Ob Basteleien, Experimente, Rezepte oder Spiele - es gibt immer etwas zu entdecken, das auch spontan und ohne große Kosten klappt.

Tipps fürs Internet?

Ihr habt weitere gute Internetseiten? Schreibt uns Euren Hinweis per E-mail an: info@twins.de

Wie beschäftigt man Zwillinge und Drillinge sinnvoll?

Natalie Schmitz ist Zwillingsmutter und Erzieherin. Sie hat zwei tolle Bücher für uns zusammengestellt. Bestellen kann man sie überall - im Internet (Amazon & Co.), im Buchhandel und unter www.twins.de

So lernen Zwillinge das Skifahren

Viele Eltern fahren selbst begeistert Ski. Dann soll es der Nachwuchs auch können. Was tun, wenn Zwillinge das Skifahren lernen sollen? Man kann als Erwachsener ja immer nur einem Kind Hilfestellung geben. Macht es wie wir und bucht einen Skikurs. Hier noch ein paar Tipps.

Mit Zwillingen Skifahren macht Spaß. Allerdings ist es wichtig, dass die Kinder schon von Anfang an lernen, richtig zu fahren. Deshalb würde ich immer einen Kinder-Skikurs empfehlen, denn da wird nicht nur die richtige Technik erlernt, die Zwillinge haben auch mehr Spaß mit Gleichaltrigen. Skifahrbegeisterte Eltern können das Erlernte dann natürlich beim gemeinsamen Skifahren an anderen Tagen verfestigen.

Schritt 1: Stehen lernen, im Flachen laufen, ohne hinzufallen

Die Zwillinge müssen lernen, sicher auf den Skiern zu stehen. Dazu genügt es, die Skier (und es sollten richtige Skier sein, keine Rutscherchen) einfach einmal anzuziehen und im Flachen damit ein wenig herumzulaufen.
Sobald die Kinder nicht mehr gleich umfallen, wenn sie die Skier angeschnallt haben oder ausrutschen, kann man anfangen, leichte erste Hügel zu fahren, zu bremsen oder sogar eine Kurve.

Schritt 2: Festhalten am Stock des Skilehrers

Eine gute erste Übung - bereits am Hang - ist es, wenn das Kind direkt neben dem Skilehrer fährt und sich dabei an dessen Stöcken festhalten kann. So lernt das Kind, auf eigenen Füßen (und Skiern) zu stehen, hat gleichzeitig einen sicheren Halt und das gibt Selbstbewusstsein für das weitere Training.

Experten raten, Kinder beim Skitraining nicht zwischen die eigenen Beine zu nehmen - so, wie man es immer schon gemacht hat. Aus eigener Erfahrung kann ich dazu sagen, das Eltern, die sich das zutrauen, schon sehr sichere Skifahrer sein sollten. Bei uns - damals, als Maximilian und Constantin das Skifahren lernten -, war es kein Problem, da ich eine sehr gute Skifahrerin bin.
Besser: Für Nicolai hatten wir Jahre später ein Gurtgeschirr mit langer Leine, das wir ihm umlegten. So konnte er voneweg rutschen und wir ihn bremsen oder kurz halten, wenn Bedarf bestand.

Schritt 3: Wer Skifahren will, muss bremsen können!

Ganz wichtig beim Skifahren ist, dass Kinder bremsen können. Deshalb ist eine der ersten Übungen, die man mit den Zwillingen macht, das Erlernen des Schneepflugs.
Das macht man den Kindern vor und erklärt dazu, dass sie sich vorstellen sollen, ihre Skienden seien eine Tür, die sich öffnet.

*Wohl dem, der ein
Feriendomizil in den
Bergen hat: die Zwillinge
David und Elia und
Bruder Davor haben in
Laax Skifahren gelernt.*

*Fahren ohne eigene Stöcke
- so lernen die Kinder am
besten, das Gleichgewicht
zu halten.*

*Und die Stöcke können
ja dann auf dem Hang zu
einem Slalom-Parcours
gesteckt werden ... wie im
richtigen „Skizirkus" ...*

Erfahrene Skilehrer vergleichen die Skier auch mit zwei Pommes frites, die erst parallel nebeneinander gefahren werden. Und dann wird daraus ein dreieckiges Pizzastück.

Schritt 4: Bremsen während der Fahrt

Und diese Pflugbewegung wird dann auch während des Fahrens geübt. Die Tür geht auf (wir bremsen), die Tür geht zu (wir fahren). Auf diese Weise lernen die Zwillinge das einfache Bremsen mit dem Schneepflug.

Schritt 5: Nach dem Bremsen geht's um die Kurve.

Wenn die Zwillinge den Übungshang schon im Schneepflug (mit gelegentlicher Schussfahrt dazwischen für die Mutigen) runterfahren können, geht es an das Erlernen des Bogenfahrens.
Dazu haben Skilehrer wieder einen Kunstgriff: sie legen ein Seil in Schlangenlinien aus und bitten die Kinder dann, das Seil zwischen die beiden Skier zu nehmen und entlang des Seils im Schneepflug bergab zu fahren. Automatisch wird das Kind durch entsprechende Gewichtsverlagerung in kleinen Bögen den Hang hinunterfahren.
In den Skischulen fahren die Kleinen oft durch einen Parcours aus Comictieren. Auch da lernt es sich am besten auf spielerische Art.

Schritt 6: Rückwärts vorneweg fahren.

Gute Skifahrer können dem Kind auch rückwärts vorneweg fahren und so die Sicherheit geben, dass das Kind aufgefangen wird, wenn es zu schnell wird. Das kann mit Stöcken (die das Kind festhält) unterstützt werden.

Rückblickend kann ich sagen, dass die zwei-, dreimaligen Besuche unserer Kinder in der Skischule ganz sicher etwas gebracht haben. Zwar wollten unsere Jungs keinesfalls in der Mittagsbetreuung geparkt werden, aber der Skikurs an sich wurde akzeptiert und natürlich mit einem Abschlussrennen gekrönt.
Später sind alle unsere Jungs auf das Snowboard umgestiegen ... und schon seit Jahren wieder zurück auf die Skier. Macht halt noch mehr Spaß! (MvG)

Zwillinge und ihre Persönlichkeitsentwicklung

Zwillingsmutter Katja Masin hat eines unserer wichtigsten Bücher geschrieben: Hier geht es um die Persönlichkeitsentwicklung von Zwillingen und damit um ihre Individualität.

Das Buch gibt es bei uns unter www.twins.de und im Buchhandel. ISBN 978-3-927058-69-9.

Buch: Das letzte Schaf

Ulrich Hub (Autor), Jörg Müh-le (Illustrationen), „Das letzte Schaf", Carlsen Verlag, ISBN 978-3-551-55384-3, 13,- € (D), 13,40 € (A).

Was für eine Bescherung: Mitten in einer kalten Winternacht werden die Schafe von einem gleissenden Licht geweckt und müssen feststellen, dass ihre Hirten verschwunden sind. Sofort herrscht helle Aufregung in der Herde! Zum Glück weiß das Schaf mit der Mütze, was passiert ist: Aliens haben die Hirten entführt! Doch fürchten sollten sie sich nicht. Wirklich? Die Ziege von der Nachbarweide hat glaubhaftere Informationen: Im Städtchen wird gefeiert, weil ein Baby geboren wurde! Da sind die Hirten bestimmt auch auf die Party gegangen. Auch die Schafe wollen das Kind sehen und machen sich schnell auf den Weg. Auf ihrer Nachtwanderung begegnen sie allerlei lustigem Vieh, geraten in brenzlige Situationen und bekommen sich auch mal heftig in die Wolle. Bis letztlich eines von ihnen verloren geht ... Ob sie es so jemals schaffen, rechtzeitig in die Stadt zu kommen, um das Baby zu sehen und ihre Hirten wiederzufinden?
Ich habe die Weihnachtsgeschichte aus der Sicht der Schafe doch tatsächlich bis zum letzten Akt gelesen - ein wirklich witziges und amüsantes Buch! **Wir verlosen es an jemanden, der uns einen Beitrag schreibt: meldet Euch per info@twins.de**

Bella Italia - Gianni lädt an die Adria ein

Das Hotel Acquamarina freut sich auch im nächsten Sommer auf Gäste aus Deutschland. Hotelier Gianni spricht sehr gut Deutsch und freut sich immer wieder über Zwillingseltern, die bei ihm Urlaub machen. Wer ein bezahlbares Reiseziel mit Zwillingen sucht, kann hier günstig an der Adria Urlaub machen. Es gibt auch in diesem Jahr schöne Rabatte für Familien mit Kindern.
Mehr Information hier: Hotel Acquamarina, Via Virgilio 106, I-47814 Bellaria - Igea Marina, Telefon 0039-0541-331882, E-mail: info@hotel-acquamarina.it

www.hotel-acquamarina.it

ÄLTERE HEFTE: diese Ausgaben kann man noch bestellen

Folgende Ausgaben unserer neuen Zeitschrift sind jederzeit & immer zu haben unter www.twins.de und auf allen gängigen Internet-Buchbestell-Portalen. Als Buch für 9,90 €, als E-Book für nur 7,99 € (nur bis Ausgabe 17). Von Ausgabe 01 bis inklusive Ausgabe 20 wurde das Magazin unter dem Titel: „Das neue ZWILLINGE Magazin" veröffentlicht. Danach haben wir die Zeitschrift umbenannt, damit sie im Internet besser gefunden wird.

- Das neue ZWILLINGE Magazin - Ausgabe 01: ISBN 978-3-927058-22-4 (print 9,90 €)
- Das neue ZWILLINGE Magazin - Ausgabe 02: ISBN 978-3-927058-25-5 (print 9,90 €)
- Das neue ZWILLINGE Magazin - Ausgabe 05: ISBN 978-3-927058-36-1 (print 9,90 €)
- Das neue ZWILLINGE Magazin - Ausgabe 06: ISBN 978-3-927058-53-8 (print 9,90 €)
- Das neue ZWILLINGE Magazin - Ausgabe 07: ISBN 978-3-927058-60-6 (print 9,90 €)
- Das neue ZWILLINGE Magazin - Ausgabe 08: ISBN 978-3-927058-65-1 (print 9,90 €)
- Das neue ZWILLINGE Magazin - Ausgabe 09: ISBN 978-3-927058-67-5 (print 9,90 €)
- Das neue ZWILLINGE Magazin - Ausgabe 10: ISBN 978-3-927058-73-6 (print 9,90 €)
- Das neue ZWILLINGE Magazin - Ausgabe 11: ISBN 978-3-927058-79-8 (print 9,90 €)
- Das neue ZWILLINGE Magazin - Ausgabe 13: ISBN 978-3-927058-84-2 (print 9,90 €)
- Das neue ZWILLINGE Magazin - Ausgabe 14: ISBN 978-3-927058-90-4 (print 9,90 €)
- Das neue ZWILLINGE Magazin - Ausgabe 15: ISBN 978-3-927058-93-4 (print 9,90 €)
- Das neue ZWILLINGE Magazin - Ausgabe 16: ISBN 978-3-927058-95-8 (print 9,90 €)
- Das neue ZWILLINGE Magazin - Ausgabe 17: ISBN 978-3-927058-97-2 (print 9,90 €)
- Das neue ZWILLINGE Magazin - Nr. 18: ISBN 978-3-927058-99-6 (nur print - 7,99 €)
- Das neue ZWILLINGE Magazin - Nr. 19: ISBN 978-3-927058-39-2 (nur print - 7,99 €)
- Das neue ZWILLINGE Magazin - Nr. 20: ISBN 978-3-927058-43-9 (nur print - 7,99 €)
- ZWILLINGE - DAS MAGAZIN - Nr. 21: ISBN 978-3-927058-46-0 (nur print - 7,99 €)
- ZWILLINGE - DAS MAGAZIN - Nr. 22: ISBN 978-3-743141-65-0 (nur print - 7,99 €)
- ZWILLINGE - DAS MAGAZIN - Nr. 24 ISBN 978-3-7431-6633-2 (print 7,99 €)
- ZWILLINGE - DAS MAGAZIN - Nr. 25 ISBN 978-3-7431-7302-6 (print - 7,99 €)
- ZWILLINGE - DAS MAGAZIN - Nr. 26 ISBN 978-3-7448-1375-4 (print - 7,99 €)
- ZWILLINGE - DAS MAGAZIN - Nr. 27 ISBN 978-3-7448-6986-7 (print - 7,99 €)
- ZWILLINGE - DAS MAGAZIN - Nr. 28 ISBN 978-3-7448-9922-2 (print - 7,99 €)
- ZWILLINGE - DAS MAGAZIN - Nr. 29 ISBN 978-3-7460-1535-4 (print - 7,99 €)
- ZWILLINGE - DAS MAGAZIN - Nr. 30, ISBN 978-3-7460-6536-6 (Print - 7,99 €)
- ZWILLINGE - DAS MAGAZIN - Nr. 31, ISBN 978-3-7460-7517-4 (Print - 7,99 €)
- ZWILLINGE - DAS MAGAZIN - Nr. 32, ISBN 978-3-7528-5015-4 (Print - 7,99 €)
- ZWILLINGE - DAS MAGAZIN - Nr. 33, ISBN 978-3-7528-3996-8 (Print - 7,99 €)
- ZWILLINGE - DAS MAGAZIN - Nr. 34, ISBN 978-3-7448-8516-4 (Print - 7,99 €)
- alle übrigen sind inzwischen ausverkauft

**Jedes Magazin (Buch) im Internet oder über www.twins.de
Ausgaben 01 - 17 und ab Ausgabe 24 auch wieder als E-Book auf
Amazon & anderen Portalen für 5,99 €.**

**Nächste Ausgabe: ZWILLINGE - DAS MAGAZIN -
Ausgabe 36 = Jan./Feb. 2018 voraussichtlich ab 26. Jan. 2019*)**

*) da das Heft bei Books on Demand produziert wird, können wir keinen definitiven Termin für das Erscheinen angeben, da wir auf die Produktionszeiten von BoD keinerlei Einfluss haben.

Warum kommt denn der Weihnachtsmann so spät?

Emil hat lange mit seinem Zwillingsbruder Sören und dem großen Bruder Björn, auf den Weihnachtsmann gewartet ... dann ist er eingeschlafen ...

Warum der Weihnachtsmann so spät kam? Ist doch ganz einfach: der arme Kerl hat an dem Tag so viel zu tun, dass er doch glatt eine Stunde später kam. Die anderen Kinder haben ihn aufgehalten, denn der eine oder andere hat nicht gefolgt, aber auch besonders liebe Kinder haben den Weihnachtsmann mehr Zeit „geraubt", denn die haben das eine oder andere Geschenk mehr bekommen ... und das dauert.

Und da die Aufregung den ganzen Tag so aufregend war und die drei schon sehr früh aufgestanden waren, war dann bei Emil doch das Sandmännchen stärker, bis der Weihnachtsmann an die Tür geklopft hat

Unsere Oma war so nett und hat den Weihnachtsmann, den sie unterwegs getroffen hatte, mitgebracht. Sonst hätte es noch länger gedauert, weil die Rentiere so geschafft waren, dass sie eine Pause brauchten und eine Extraportion Heu.

Opa war unser Weihnachtsmann und noch haben die Kids daran geglaubt. Bei Björn, dem großen Bruder, war das schon etwas schwieriger, da der Weihnachtsmann die selben Schuhe hat wie unser Opa - so ein Zufall aber auch. Wir haben einfach gesagt, der Weihnachtsmann war im selben Schuladen einkaufen wie die Oma und der Opa. Vor kurzem haben die Jungs mit Opa gespielt und getobt und auf einmal sagt Emil: „Opa, Du klingst wie der Weihnachtsmann mit Deiner Stimme ..." Na, da haben wir

Der Weihnachtsmann wurde mit Spannung erwartet ... doch weil er etwas spät kam, ist Emil eingeschlafen ...

dieses Jahr ne Aufgabe, dass der Weihnachtsmann nicht entarnt wird.

Björn, Sören und Emil waren mit den Geschenken vom Weihnachtsmann zufrieden und das ist doch das tollste Geschenk für uns - die strahlenden Augen von den Jungs und die Vorfreude zu sehen.

(Franziska P.)